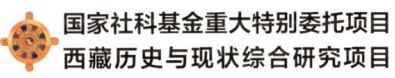

中国社会科学院创新工程学术出版资助项目

国家社科基金重大特别委托项目
西藏历史与现状综合研究项目

中国社会科学院创新工程学术出版资助项目

国家社科基金重大特别委托项目
西藏历史与现状综合研究项目

西藏农区民生事业五十年
——以日喀则艾玛乡为例

陈默 著

社会科学文献出版社
SOCIAL SCIENCES ACADEMIC PRESS (CHINA)

西藏历史与现状综合研究项目
编委会

名誉主任 江蓝生

主　　任 郝时远

副 主 任 晋保平

成　　员（按姓氏音序排列）

　　　　　　旦增伦珠　　尕藏加　　郝时远　　何宗英
　　　　　　胡　岩　　　江蓝生　　晋保平　　刘晖春
　　　　　　马加力　　　石　硕　　宋月华　　苏发祥
　　　　　　许德存（索南才让）　许广智　　杨　群
　　　　　　扎　洛　　　张　云　　仲布·次仁多杰
　　　　　　周伟洲　　　朱　玲

总　序

郝时远

　　中国的西藏自治区，是青藏高原的主体部分，是一个自然地理、人文社会极具特色的地区。雪域高原、藏传佛教彰显了这种特色的基本格调。西藏地区平均海拔4000米，是人类生活距离太阳最近的地方；藏传佛教集中体现了西藏地域文化的历史特点，宗教典籍中所包含的历史、语言、天文、数理、哲学、医学、建筑、绘画、工艺等知识体系之丰富，超过了任何其他宗教的知识积累，对社会生活的渗透和影响十分广泛。因此，具有国际性的藏学研究离不开西藏地区的历史和现实，中国理所当然是藏学研究的故乡。

　　藏学研究的历史通常被追溯到17世纪西方传教士对西藏地区的记载，其实这是一种误解。事实上，从公元7世纪藏文的创制，并以藏文追溯世代口传的历史、翻译佛教典籍、记载社会生活的现实，就是藏学研究的开端。同一时代汉文典籍有关吐蕃的历史、政治、经济、文化、社会

西藏农区民生事业五十年

生活及其与中原王朝互动关系的记录，就是中国藏学研究的本土基础。现代学术研究体系中的藏学，如同汉学、东方学、蒙古学等国际性的学问一样，曾深受西学理论和方法的影响。但是，西学对中国的研究也只能建立在中国历史资料和学术资源基础之上，因为这些历史资料、学术资源中所蕴含的不仅是史实，而且包括了古代记录者、撰著者所依据的资料、分析、解读和观念。因此，中国现代藏学研究的发展，不仅需要参考、借鉴和吸收西学的成就，而且必须立足本土的传统，光大中国藏学研究的中国特色。

作为一门学问，藏学是一个综合性的学术研究领域，"西藏历史与现状综合研究项目"即是立足藏学研究综合性特点的国家社会科学基金重大特别委托项目。自2009年"西藏历史与现状综合研究项目"启动以来，中国社会科学院建立了项目领导小组，组成了专家委员会，制定了《"西藏历史与现状综合研究项目"管理办法》，采取发布年度课题指南和委托的方式，面向全国进行招标申报。几年来，根据年度发布的项目指南，通过专家初审、专家委员会评审的工作机制，逐年批准了一百多项课题，约占申报量的十分之一。这些项目的成果形式主要为学术专著、档案整理、文献翻译、研究报告、学术论文等类型。

承担这些课题的主持人，既包括长期从事藏学研究的知名学者，也包括致力于从事这方面研究的后生晚辈，他们的学科背景十分多样，包括历史学、政治学、经济学、民族学、人类学、宗教学、社会学、法学、语言学、生态学、心理学、医学、教育学、农学、地理学和国际关系研究等诸多学科，分布于全国23个省、自治区、直辖市的各类科学研究机构、高等院校。专家委员会在坚持以选题、论证等质量入选原则的基础上，对西藏自治区、青海、四川、甘肃、云南这些藏族聚居地区的学者和研究机构，给予了一定程度的支持。这些地区的科学研究机构、高等院校大都具有藏学研究的实体、团队，是研究西藏历史与现实的重要力量。

"西藏历史与现状综合研究项目"具有时空跨度大、内容覆盖广的特点。在历史研究方面，以断代、区域、专题为主，其中包括一些历史档案的整理，突出了古代西藏与中原地区的政治、经济和文化交流关系；在宗教研究方面，以藏传佛教的政教合一制度及其影响、寺规戒律与寺庙管理、僧人行止和社会责任为重点，突出了藏传佛教与构建和谐社会的关系；在现实研究方面，则涉及政治、经济、文化、社会和生态环境等诸多领域，突出了跨越式发展和长治久安的主题。

在平均海拔4000米的雪域高原，实现现代化的发展，是中国改革开放以来推进经济社会发展的重大难题之一，也是没有国际经验可资借鉴的中国实践，其开创性自不待言。同时，以西藏自治区现代化为主题的经济社会发展，不仅面对地理、气候、环境、经济基础、文化特点、社会结构等特殊性，而且面对境外达赖集团和西方一些所谓"援藏"势力制造的"西藏问题"。因此，这一项目的实施

西藏农区民生事业五十年

也必然包括针对这方面的研究选题。

所谓"西藏问题"是近代大英帝国侵略中国、图谋将西藏地区纳入其殖民统治而制造的一个历史伪案,流毒甚广。虽然在一个世纪之后,英国官方承认以往对中国西藏的政策是"时代错误",但是西方国家纵容十四世达赖喇嘛四处游说这种"时代错误"的国际环境并未改变。作为"时代错误"的核心内容,即英国殖民势力图谋独占西藏地区,伪造了一个具有"现代国家"特征的"香格里拉"神话,使旧西藏的"人间天堂"印象在西方社会大行其道,并且作为历史参照物来指责1959年西藏地区的民主改革、诋毁新西藏日新月异的现实发展。以致从17世纪到20世纪上半叶,众多西方人(包括英国人)对旧西藏黑暗、愚昧、肮脏、落后、残酷的大量实地记录,在今天的西方社会舆论中变成讳莫如深的话题,进而造成广泛的"集体失忆"现象。

这种外部环境,始终是十四世达赖喇嘛及其集团势力炒作"西藏问题"和分裂中国的动力。自20世纪80年代末以来,随着苏联国家裂变的进程,达赖集团在西方势力的支持下展开了持续不断、无孔不入的分裂活动。达赖喇嘛以其政教合一的身份,一方面在国际社会中扮演"非暴力"的"和平使者",另一方面则挑起中国西藏等地区的社会骚乱、街头暴力等分裂活动。2008年,达赖集团针对中国举办奥运会而组织的大规模破坏活动,在境外形成了抢夺奥运火炬、冲击中国大使馆的恶劣暴行,在境内制造了打、砸、烧、杀的严重罪行，其目的就是要使所谓"西藏问题"弄假成真。而一些西方国家对此视而不见，则大都出于"乐观其成"的"西化""分化"中国的战略意图。其根本原因在于，中国的经济社会发展蒸蒸日上，西藏自治区的现代化进程不断加快，正在彰显中国特色社会主义制度的优越性，而西方世界不能接受中国特色社会主义取得成功，达赖喇嘛不能接受西藏地区彻底铲除政教合一封建农奴制度残存的历史影响。

在美国等西方国家的政治和社会舆论中，有关中国的议题不少，其中所谓"西藏问题"是重点之一。一些西方首脑和政要时不时以会见达赖喇嘛等方式，来表达他们对"西藏问题"的关注，显示其捍卫"人权"的高尚道义。其实，当"西藏问题"成为这些国家政党竞争、舆论炒作的工具性议题后，通过会见达赖喇嘛来向中国施加压力，已经成为西方政治作茧自缚的梦魇。实践证明，只要在事实上固守"时代错误"，所谓"西藏问题"的国际化只能导致搬石砸脚的后果。对中国而言，内因是变化的依据，外因是变化的条件这一哲学原理没有改变，推进"中国特色、西藏特点"现代化建设的时间表是由中国确定的，中国具备抵御任何外部势力破坏国家统一、民族团结、社会稳定的能力。从这个意义上说，本项目的实施不仅关注了国际事务中的涉藏斗争问题，而且尤其重视西藏经济社会跨越式发展和长治久安的议题。

在"西藏历史与现状综合研究项目"的实施进程中，

西藏农区民生事业五十年

贯彻中央第五次西藏工作座谈会的精神，落实国家和西藏自治区"十二五"规划的发展要求，是课题立项的重要指向。"中国特色、西藏特点"的发展战略，无论在理论上还是在实践中，都是一个现在进行时的过程。如何把西藏地区建设成为中国"重要的国家安全屏障、重要的生态安全屏障、重要的战略资源储备基地、重要的高原特色农产品基地、重要的中华民族特色文化保护地、重要的世界旅游目的地"，不仅需要脚踏实地地践行发展，而且需要科学研究的智力支持。在这方面，本项目设立了一系列相关的研究课题，诸如西藏跨越式发展目标评估，西藏民生改善的目标与政策，西藏基本公共服务及其管理能力，西藏特色经济发展与发展潜力，西藏交通运输业的发展与国内外贸易，西藏小城镇建设与发展，西藏人口较少民族及其跨越式发展等研究方向，分解出诸多的专题性研究课题。

注重和鼓励调查研究，是实施"西藏历史与现状综合研究项目"的基本原则。对西藏等地区经济社会发展的研究，涉面甚广，特别是涉及农村、牧区、城镇社区的研究，都需要开展深入的实地调查，课题指南强调实证、课题设计要求具体，也成为这类课题立项的基本条件。在这方面，我们设计了回访性的调查研究项目，即在20世纪五六十年代开展的藏区调查基础上，进行经济社会发展变迁的回访性调查，以展现半个多世纪以来这些微观社区的变化。这些现实性的课题，广泛地关注了经济社会的各个领域，其中包括人口、妇女、教育、就业、医疗、社会保障等民生

总　序

改善问题，宗教信仰、语言文字、传统技艺、风俗习惯等文化传承问题，基础设施、资源开发、农牧业、旅游业、城镇化等经济发展问题，自然保护、退耕还林、退牧还草、生态移民等生态保护问题，等等。我们期望这些陆续付梓的成果，能够从不同侧面反映西藏等地区经济社会发展的面貌，反映藏族人民生活水平不断提高的现实，体现科学研究服务于实践需求的智力支持。

如前所述，藏学研究是中国学术领域的重要组成部分，也是中华民族伟大复兴在学术事业方面的重要支点之一。"西藏历史与现状综合研究项目"的实施涉及的学科众多，它虽然以西藏等藏族聚居地区为主要研究对象，但是从学科视野方面进一步扩展了藏学研究的空间，也扩大了从事藏学研究的学术力量。但是，这一项目的实施及其推出的学术成果，只是当代中国藏学研究发展的一个加油站，它在一定程度上反映了中国藏学研究综合发展的态势，进一步加强了藏学研究服务于"中国特色、西藏特点"的发展要求。但是，我们也必须看到，在全面建成小康社会和全面深化改革的进程中，西藏实现跨越式发展和长治久安，无论是理论预期还是实际过程，都面对着诸多具有长期性、复杂性、艰巨性特点的现实问题，其中包括来自国际层面和境外达赖集团的干扰。继续深化这些问题的研究，可谓任重道远。

在"西藏历史与现状综合研究项目"进入结项和出版阶段之际，我代表"西藏历史与现状综合研究项目"专家

7

西藏农区民生事业五十年

委员会，对全国哲学社会科学规划办公室、中国社会科学院及其项目领导小组几年来给予的关心、支持和指导致以崇高的敬意！对"西藏历史与现状综合研究项目"办公室在组织实施、协调联络、监督检查、鉴定验收等方面付出的努力表示衷心的感谢！同时，承担"西藏历史与现状综合研究项目"成果出版事务的社会科学文献出版社，在课题鉴定环节即介入了这项工作，为这套研究成果的出版付出了令人感佩的努力，向他们表示诚挚的谢意！

2013 年 12 月于北京

目 录

导 论 / 1
    一 民生及其内涵 / 1
    二 西藏民生问题五十年 / 4
    三 课题研究内容、意义与方法 / 11
    四 既有研究述评 / 19
    五 调查点的地缘空间、历史
       沿革与乡村生活 / 22

第一章 人口、土地与农业经济 / 38
    第一节 五十年人口变化情况 / 39
    第二节 土地及其分配 / 44
    第三节 人口、土地与农业经济 / 47
    第四节 小结 / 59

第二章　生产现代化与经济多样化 / 62

　　第一节　生产工具及生产方式的
　　　　　　现代化 / 63
　　第二节　科技兴农 / 71
　　第三节　交通运输的现代化 / 73
　　第四节　多种经济发展方式 / 81
　　第五节　小结 / 94

第三章　日常生活方式五十年变迁 / 96

　　第一节　民以食为天 / 97
　　第二节　家庭房屋空间的变迁 / 109
　　第三节　日常生活中的现代化 / 127
　　第四节　日常生活中的宗教活动 / 134
　　第五节　小结 / 140

第四章　教育事业五十年比较研究 / 143

　　第一节　"三包"教育政策的
　　　　　　实施现状 / 144
　　第二节　艾玛乡中心小学的建设
　　　　　　和发展 / 146
　　第三节　艾玛乡"普及"九年义务
　　　　　　教育现状 / 149
　　第四节　职业教育 / 154
　　第五节　教育救助 / 160
　　第六节　小结 / 161

目 录

**第五章 基本医疗保障与医疗服务水平
五十年比较研究 / 164**

第一节 既有研究回顾 / 165

第二节 南木林县乡医疗卫生发展
历史概述 / 168

第三节 艾玛乡的基本医疗保障
水平现状 / 171

第四节 当前艾玛乡医疗服务水平 / 178

第五节 基本结论、问题及对策 / 185

第六章 社会保障五十年比较研究 / 191

第一节 社会保障事业的发展历程 / 192

第二节 艾玛乡社会保障现状 / 199

第三节 艾玛乡的贫困与社会
保障政策分析 / 216

第七章 结论与政策建议 / 224

附　录 五个个案比较 / 242

主要参考文献 / 267

后　记 / 271

导　论

一　民生及其内涵

在中国传统社会中，民生一般是指百姓的基本生计，所谓"民生在勤，勤则不匮"。20世纪20年代，孙中山给"民生"注入了新的内涵，并将之上升到"主义"、国家方针大政以及历史观这样一个前所未有的高度："民生就是人民的生活——社会的生存，国民的生计，群众的生命。"①"民生就是政治的中心，就是经济的中心和种种历史活动的中心。"②"民生是社会一切活动的原动力。"③

近些年，中国政府对民生问题的关注已经成为执政党执政理念中的重要内容。提出了基础民生问题"把加强社会

---

① 《孙中山选集》，人民出版社，1981，第802页。
② 《孙中山选集》，第825页。
③ 《孙中山选集》，第835页。

建设，解决人民最关心、最直接、最现实的利益问题作为重点，使经济发展成果更多体现到改善民生上，尤其要注重优先发展教育，实施扩大就业的发展战略，深化收入分配制度改革，基本建立覆盖城乡居民的社会保障体系，建立基本医疗卫生制度，提高全民健康水平，完善社会管理，维护社会安定团结"。①

在社会学研究中，广义的民生一般包括以下三个层面的内容。

第一，主要是指民众基本生计状态的底线。这一层面上的民生问题主要侧重民众基本的"生存状态"，即社会要保证每一个社会成员能够有尊严地生存下去。其具体内容包括：社会救济，最低生活保障状况，基础性的社会保障，义务教育，基础性的公共卫生，基础性的住房保障，等等。

第二，主要是指民众基本的发展机会和发展能力。人不仅要有尊严地生存，还要有能力生存。这一层面的民生问题主要侧重民众基本的"生计来源"问题，考虑每一个社会成员要有能力并有机会活下去的问题，即一个社会在满足了社会成员基本生存问题之后，就应考虑社会成员基本的发展能力和发展机会问题，以期为民众提供起码的发展平台和发展前景。其具体内容包括：促进充分就业，进行基本的职业培训，消除歧视问题，提供公平合理的社会流动渠道，以及

---

① 《胡锦涛2007年6月25日在中央党校的讲话》，http：//news.xinhuanet.com/politics/2007－06/25/content_ 6290208. htm。

与之相关的基本权益保护问题（如劳动权、财产权、社会事务参与权），等等。

第三，主要是指民众基本生存线以上的社会福利状况。这一层面上的民生问题主要侧重民众基本的"生活质量"问题，即当一个社会解决了民众基本生存和基本发展机会、基本发展能力之后，随着经济发展水准和公共财力的大幅度提升，随着现代制度的全面确立，进一步需要考虑的问题应当是为全体社会成员提供使生活质量得以全面提升的福利。主要包括：民众应当享受到较高层面的社会福利，比如，未来公立高等学校的学生应当得到免费的教育；住房公积金应当普及到每一个劳动者；社会成员的权利应当得到全面的保护，等等。应当看到，这一问题属于较高层面上的民生问题，目前的中国社会尚没有能力全面解决这一问题。不过，应当将这一层面的民生问题作为未来的一个重要目标列入改善民生的中长期目标体系当中。

改善民生问题实际上有一个规律，这就是：从现实和操作逻辑看，民生问题上述三个层面上的内容具有一种逐层递进的关系，即前一层面内容的基本实现是后一层面内容实施的前提条件，当前一层面内容基本实现之后，应当顺理成章地开始为实现后一层面的内容而努力。中国当前的社会经济发展现状决定了我们的保障和改善民生主要还集中在第一个层面，即民众的基本生存和生活状态，以及民众的基本发展机会、基本发展能力和基本权益保护的状况等。

西藏农区民生事业五十年

二 西藏民生问题五十年

总的来说，保障民生的能力是与政治经济制度以及经济发展水平密切相关的。历史上，西藏地区自公元 10 世纪左右开始由奴隶制社会向封建农奴制社会过渡，出现了庄园式的土地经营方式，奴隶逐步演变为封建领主的农奴，他们被固定在农奴主的庄园内，人身依附于农奴主，领取一小块份地耕种，过着被压迫、被奴役、被剥削的生活。

农奴阶层分为"差巴"、"堆穷"、"朗生"、贫苦喇嘛和游民等几个阶层。差巴可以领种庄园的份地，其中占 70% 的下等差巴每年入不敷出，经济状况日益窘困。堆穷大都由破产了的差巴户转变而来，其经济地位相当于雇农。游民指农牧民中部分无地可耕、四处流浪，没有固定职业的人。他们有的以唱歌跳舞卖艺为生，有的从事"下贱"的苦活儿，过着半乞讨式的生活。朗生即奴隶，据 1959 年调查，占西藏总人口的 5% 左右，约 6 万人。在五世达赖和固始汗时期，差巴户的赋税负担比较轻，生活还过得去，但是越到后来，许多差巴破产，沦为堆穷。据 1959 年江孜地区藏益小组调查统计，在过去 20～100 年间，当地差巴户由 44 户减少至 18 户，而堆穷户则由 16 户增加至 48 户。另据《卫藏通志》记载，在乾隆盛世，后藏萨嘎、桑嘎一带的牧区人口众多，牛羊牲畜繁衍，后因赋税过重，人口日渐逃亡，到 18 世纪末叶，这一带"百姓只有 296 户，牛羊较前

导 论

剩有十分之二"。再据民主改革前的社会调查：达孜宗蔓周、江洛金、旁鲁、达嘎 4 个庄园，1940～1950 年 10 年间，逃亡户就占 14% 左右。1955 年察雅宗纳色、吉妥、多克、日力呆特 4 个村共有农奴 38 户，而在 20 年前为 62 户，减少了 39%。

封建农奴制在西藏社会发展史上曾经作为先进生产力的代表而替代了奴隶制度，但是，随着社会的发展，它越来越因其保守、黑暗和落后阻碍生产力的发展。处于这样的社会制度下，社会生产力长期保持在很低的发展水平。截至 1951 年西藏和平解放时，西藏总人口为 114.09 万，而国民生产总值仅有 1.29 亿元人民币，并且全部集中在第一产业，第二、第三产业几乎是空白。造成这种贫穷的原因是落后的生产力和生产关系中存在的严酷剥削和压榨。具体表现为生产工具原始，生产技术落后，生产环境完全依赖自然环境，广大农牧民缺乏生产积极性，其结果是民不聊生，改善民生无从谈起。

1959 年 3 月，西藏地方政府发动了全面武装叛乱，在平息叛乱的同时，废除严重制约西藏经济社会发展的封建农奴制度已经刻不容缓，因此中央采取了"边平边改"的平判改革总方针。从 1959 年春开始到 1961 年初基本结束，经历了武装平息叛乱、"三反双减"、谁种谁收、分配土地等阶段和步骤，西藏的封建农奴制社会体制在百万农奴的欢庆中倾覆，一场旨在追求人的尊严的伟大运动开始在西藏社会各个领域实现，特别是对民生的诉求，一直成为之后西藏社会发展和建设的核心问题。

（一）1959～1965年，西藏在平叛改革和稳定发展个体经济中逐步改善民生

1959年7月17日，西藏自治区筹备委员会通过了进行民主改革的决议。决议首先对参加叛乱的领主的土地和牲畜实行"谁种谁收"和"谁放牧归谁所有"的政策。这对维持农牧业生产起到了重要作用。接着进行了"三反"（反叛乱、反乌拉差役、反人身奴役）、"双减"（减租减息）运动，废除乌拉差役和人身依附，解放奴隶。对未叛乱领主及其代理人实行"二八"①减租，对1958年前欠租一律废除，销毁旧契约。据《西藏日报》1960年4月26日报道，平叛改革以来，由于实行"谁种谁收"、"减租减息"和废除旧债等的结果，群众得益约合粮食5亿公斤，平均每人750公斤；在完成了土地改革的地区，翻身农奴每人平均分得了3.5克（1克约等于0.7亩）土地。一年来，自治区筹委会向翻身农奴发放新式农具5万多件。经过两年时间，民主改革基本完成。到1962年12月，在全西藏63个县87万人口的农业区，已经有85万人口的地方完成了民主改革，共没收和赎买农奴主所占有的耕地280多万克，分给了20多万户、85万个农奴和奴隶，消灭了农奴主占有制，实现了农

---

① 民主改革时期实行的减轻农民地租负担的政策，凡1959年未参加叛乱的封建领主（包括原西藏地方政府官员、寺庙、贵族及其代理人）出租的土地，由原来收取占收获物一半以上的租额，减为二成，地主与佃户二八分成。

民所有的个体所有制。在 28 万人口的牧区，有 25 万人口的地方开展了"三反两利"（牧主牧工两利）运动，实现了牧民的个体所有制。

民主改革的完成，极大地调动了百万农奴的生产积极性。1959 年粮食产量比 1958 年增长 4.5%，1960 年又比丰收的 1959 年增产 12.6%。牲畜存栏头数 1960 年比 1959 年增长 10%，工业生产总值由 1959 年的 4344 万元增长到 11725 万元，增长 1 倍多。农牧区出现了生产发展、生活改善、人民安居乐业的新气象。

1961 年 2 月中共西藏工委拟定《关于农村中若干具体政策的规定》（即"农村 26 条"）和《牧区若干政策》（即"牧区 30 条"）。西藏各级政府为贯彻"农区 26 条"和"牧区 30 条"在民生领域做了大量工作，如发放扶贫贷款，提供各种生产工具，优价收购畜产品等。1961 年 3 月西藏工委又制定了《关于整顿巩固农业生产互助组和停止试办农牧业生产合作社的方案》，其目的在于西藏农牧民在自己的土地和牧场安心生产，稳定发展经济，休养生息。1961 年，在内地合作社运动蜂起的时候，4 月 21 日中央发布对西藏的政策：必须采取稳定发展的方针，五年内不搞社会主义改造、不搞合作社（连试点也不搞），更不搞人民公社，集中力量把民主革命搞彻底，让劳动人民的个体所有制稳定下来，让农牧民得到经济好处，使农牧民富裕起来。到 1965 年，西藏粮食生产由 1959 年的 36581 万斤，增加到 58145 万斤，农业产值也由 4591.2 万元增加到 8304 万元，分别增

西藏农区民生事业五十年

长58.9%和80.8%，年均分别增长9.8%和13.8%。牲畜由1959年的955万头，增加到1965年的1701万头，畜牧业产值也由9478.8万元，增加到18323.8万元，分别增长了78.1%和93.3%，年均分别增长13.0%和15.5%，农牧区经济得到了迅速发展。

（二）1966～1979年，西藏各项经济建设在曲折中发展

在此期间，中央增加了对西藏的财政支持，加快了西藏农牧业的发展。1966～1979年，中央给西藏的财政补助平均增长了9.09%。由于增加了对农牧业的投入，大力进行了农田水利和草场的基本建设，农牧业生产条件有了改善，同时，大力推广良种，改进耕作制度，经过努力，农牧业生产在后期得到较快发展。1979年与1966年相比，粮食生产由62788万斤增加到84649万斤，增长34.8%；牲畜头数由1817万头（只）增加到2349万头（只），增长了29.3%。

（三）20世纪80年代至今，以经济建设为中心的改革开放新时期

这一时期，西藏经济社会的发展能力主要来源于中央政府的政策、项目和资金支持，以及其他省市的援藏项目和资金，突出表现是始于1980年的中央工作座谈会，每一次座谈会都是在西藏经济社会发展处于关键时期中央政府制定的一系列专门政策措施，推进了西藏经济社会健康快速发展。

导 论

在中央已经召开的五次西藏工作座谈会中，每一次都把民生问题作为会议的主要内容。

1980年3月，中央在北京召开了第一次西藏工作座谈会，会议明确指出，必须从西藏实际出发，放宽政策，采取特殊政策让西藏的农牧民得到休养生息，逐渐改善生活。西藏自治区党委和人民政府在深入调查研究的基础上，确定了"土地归户使用，自主经营长期不变"，"牲畜归户，私有私养，自主经营长期不变"的富民政策，以及"放、免、减、保"的四字政策措施。"放"即放宽政策，尊重队、组、户的自主权；"免"即免征农牧业税收，取消一切形式的派购；"减"即减轻农牧民群众的负担；"保"即保证必要的供应。中央对西藏农牧民实行免征农牧业税的政策，使农牧民得到充分的休养生息，极大地激发了农牧民的生产积极性，促进了西藏经济的恢复和发展。

1984年中央第二次西藏工作座谈会从西藏实际出发，"研究制定了进一步放宽经济政策，让西藏人民尽快富裕起来"的经济发展政策，也提出了要促进农牧林业和民族手工业的发展，努力办好教育事业。此次会议中央确定了在西藏实施的43项工程，基本满足了20世纪80年代西藏社会经济的发展需求，农村经济得到迅速发展，西藏社会经济由封闭型向开放型转变。

1994年，中央召开了第三次西藏工作座谈会，制定了到2000年的发展目标，确立了以经济发展为中心的经济建设任务，具体要求是：力争国民经济年均增长10%左右，

西藏农区民生事业五十年

国民生产总值比1993年接近翻一番,继续增加农牧民收入,改善人民生活,基本完成脱贫任务,使多数群众生活达到小康水平。

2001年中央第四次西藏工作座谈会在21世纪开端之年和西藏和平解放50周年之际召开,会议提出了实现西藏经济从加快发展到跨越式发展的要求。把加快经济发展,推进改革开放,改善人民生活,作为新时期西藏工作的中心任务。这次会议提出了改变西藏基础设施薄弱的局面,加快铁路、公路、机场、电力、通信、水利等基础设施建设。充分发挥资源优势,形成既有优势又有市场的支柱产业和特色经济。巩固和加强农牧业基础地位,以调整农牧区和经济结构为重点,搞好农牧业综合开发,千方百计提高农牧民收入。为了实现跨越式发展,国家直接投资312亿元建设包括铁路、公路、机场、电力、通信、水利等基础设施项目117个,对口支援省市投资10.6亿元,援建项目70个。把国家投资和中央财政扶持主要用于农牧业、基础建设、科技教育、基层政权相关设施建设以及生态环境保护和建设,着重解决制约西藏发展的"瓶颈"和突出困难。这次会议对于西藏经济社会发展非常重要。

2010年1月中央在北京召开了第五次西藏工作座谈会。这次会议在西藏经济发展目标中明确提出:到2015年农牧民人均纯收入与全国水平差距显著缩小,基本公共服务显著提高,生态环境进一步改善,基础设施建设取得重大进展。还规划了到2020年西藏民生问题的远景目标。为实现这一目标，民生问题成为此次会议的一个重点，一是要切实保障和改善民生——大力改善农牧民生产生活条件，解决好零就业家庭和困难群众就业问题，建设覆盖城乡居民的社会保障体系，2012年以前基本实现新型农村社会养老保险制度全覆盖。二是要加快发展社会事业——优先发展教育，义务教育和高中阶段农牧民子女全部实行"三包"政策；进一步完善以免费医疗为基础的农牧区医疗制度，逐步提高国家补助标准和保障水平。

中央第五次西藏工作座谈会是西藏民生发展的里程碑。这次会议把西藏的各类建设项目与农牧区经济社会发展密切联系起来，着力推动农牧民增收，以实现西藏城乡、区域和群体间基本公共服务均等化为目标，以西藏公共教育、公共卫生、公共文化体育、公共交通、生活保障、住房保障、就业保障、医疗保障等工作为重点，不断加大公共服务投入，从根本上改变了西藏民生在历史上欠账多与内地差距大的局面，为西藏在2020年与全国一道全面建成小康社会奠定了坚实的基础。

三 课题研究内容、意义与方法

（一）研究内容及其意义

本课题是对1960年艾玛岗调查的一次回访性调查，就是以1960年的调查为蓝本，对原有调查点进行再次调查研究。

回访研究是民族学或人类学研究的重要方法,也有研究传统。比如人类学家安妮特·韦娜(Annette Weiner)从1971年后五次回访马林诺夫斯基曾经调查过的特罗布里恩德岛。由于当地男性中心主义的影响,马林诺夫斯基虽说注意到妇女在岛上的较高社会地位,但他认为这是由于母系继嗣社会的谱系作用,而忽视了当地妇女在政治经济学与交换体系中的作用。韦娜通过回访调查认为岛上妇女也起着重要的作用。"这就告诉我们在当今人类学的田野调查中性别角色不应忽视,尤其是人类学家以男性偏多的情况下,于是韦娜的回访研究的学术意义便在于重新发现女性的田野视角。"①

中国社会学家、人类学家同样也十分重视回访研究,比如费孝通先生对其曾经开展田野调查的开弦弓村的回访。1939年,29岁的费孝通根据对家乡吴县开弦弓村的考察,写下了中国重要的社会学著作《江村经济》。1957年,费孝通重返20多年未归的开弦弓村做调研,通过调研,他得出了江村仍旧贫穷的原因:缺乏副业。1981年,费孝通第三次访问开弦弓村,他看到家庭工业开始复苏,家庭副业的收入占到了个人平均总收入的一半,而在吴县一带,乡镇工业遍地开花,甚至跟城里的大工厂争原料、争能源和争市场。

---

① 庄孔韶:《时空穿行——中国乡村人类学世纪回访》,中国人民大学出版社,2004,第460页。

导 论

1983年底，费孝通写出《小城镇再探索》一文，第一次提出了"苏南模式"。庄孔韶先生追寻林耀华的名著《金翼》中的田野调查点，于1986～1989年先后五次回访了闽东地区，在时空都发生巨大变化之后，对《金翼》曾经调查的黄村及其所在县镇沧桑巨变进行研究，探索变化规律。回访调查在于"可以延伸了先驱者作品的学术生命与意义"。

对于西藏自治区而言，民主改革至今，50年的变化，在时间上经历了巨大的社会变革，对曾经的调查区域进行回访研究，我们不仅可以了解社会文化的变迁，更重要的是我们可以了解行政政策的演变对地方社会变迁的影响力，可以为今后的政策走向提供值得借鉴的政策咨询。

本次回访研究的内容定位于当前各级政府都十分关注的民生问题。所采用的研究方法主要是比较研究，这种比较不仅包含了对以往微观研究内容的直观比较，当然也包括对社会发展的宏观比较。通过对民生问题的纵向比较研究意在解决以下一些问题：经过50年的发展，这些在1960年被调查的区域在民生发展上有怎样的变化？这些变化是如何发生的，其间经历了怎样的历程，出现过什么问题？长久以来，国家和西藏自治区各项政策在改善西藏农牧民民生问题上有哪些重要体现，生活在此的农牧民是怎么看待这50年的发展变化的，他们对未来的希望是什么？这半个世纪的发展，对目前中央及西藏地方政府制定政策具有什么样的参考价值等。

其中宏观比较研究包括了对不同历史阶段国家政策走向的研究，各级政府对艾玛乡实施的专门政策研究，被研究区

13

域在不同历史阶段的经济社会发展状况，以及农牧民的生活状态等。微观研究重点通过对1960年那次访谈对象的家庭成员进行回访，通过对这些当时已经成年的村民的调查，从他们的视角来厘清50年来西藏民生的变迁。具体包括：(1) 基本生存状态比较研究；(2) 人口、土地与农业经济研究；(3) 生产现代化与经济多样化研究；(4) 日常生活方式50年变迁研究； (5) 教育事业50年变迁研究；(6) 基本医疗保障和医疗服务水平研究；(7) 50年来社会保障进程及其现状研究。

（二）研究方法

1. 以参与观察和个案访谈为主的定性研究方法

课题组在田野调查期间主要采用参与观察和个案访谈相结合的方式，力争获取的调查资料可以比较全面地反映研究内容。本课题是以对1960年调查的一次回访调查，通过回访来研究50年来艾玛乡的民生变迁。而个案访谈注重的恰好是在自然情境下对个人的"生活世界"以及社会组织的日常运行进行研究。此次调查点艾玛乡各个村落生活的村民在生产生活方式、文化环境以及国家政策覆盖等各方面都具有同质性，采用个案访谈的方式可以通过对多个个体生命轨迹的研究来归纳和总结他们所依存的时代特点，研究结果通常更具深度，更能探寻到研究问题的本质。

2. 通过问卷调查开展的定量研究

在调查中，我们对课题中具有普遍性的问题采用了以问卷调查收集数据的方式，比如对医疗、社会保障的满意度，日常生活的消费情况等，从政府统计也可能不会得到准确的数据，利用问卷调查收集的资料对问题做尽可能全面的统计分析，探寻规律性问题。

3. 统计数据与田野调查形成的个案研究相结合

这两方面的结合，对于规避政府统计数据可能出现的误差具有较好的纠错作用。通过统计数据可以发现一些规律性的问题，而个案研究则弥补了统计数据中可能存在的不准确问题，同时也使得调查结果更生动、丰富。

4. 归纳与演绎

归纳与演绎是研究西藏民生问题不可缺少的步骤。本研究注重的是比较研究，这就必须对调查点之外的整个西藏，甚至是全国范围内的民生问题的发展经验进行归纳总结，在与调查点的民生问题进行比较研究中发现问题，查找不足，汲取经验教训。同时通过本课题的调查，也有必要对西藏民生问题进行演绎推理，通过逻辑分析获得理性结论，推导出一般规律，为西藏未来发展改善民生提供策略支持。

（三）研究地域、时间及相关历史问题

1. 研究地域的选择

本研究旨在对西藏自治区南木林县艾玛乡这个特定区域50年来的民生问题进行研究，以艾玛乡作为研究样本，主要有以下几方面原因。

第一，通过文献整理，笔者发现艾玛乡是20世纪60年代

西藏农区民生事业五十年

全国少数民族社会历史调查的重点调查区域，其调查内容丰富细致，且主要集中于民生领域，与本研究的主题密切相关。

第二，从经济发展现状来看，通过研究西藏农村社会不同地域的经济发展水平，笔者发现艾玛乡基本处于中等水平，适合作为研究样本。

第三，就研究地域而言，艾玛乡处于日喀则地区，相对远离主要的城市辐射范围，这符合当前西藏农村的分布特点。

第四，笔者在之前对西藏自治区社会发展研究的过程中，对艾玛乡有所了解，特别关注其"土豆经济"在老百姓增收致富中的作用，其特色产业的发展路径有研究意义，契合本课题的研究目的。

2. 研究时间

本研究的时间范围主要是自 1959 年西藏实施民主改革之后的 50 年，其间主要分为 1960~1980 年改革开放之前，1981~2000 年 21 世纪来临之前，2000 年至今这三个阶段。

3. 1960 年关于艾玛乡的调查研究

1956 年中央政府实施了为期七年的全国少数民族社会历史调查。这次调查集合了多个学科队伍，选择西藏和平解放后，前后藏大部分地域的庄园、寺庙，对生活在这些地区的藏族群众和僧侣的生产生活状况，以及当时的制度运行情况进行了调查。其中日喀则宗艾玛岗就是这次调查的一个点。对艾玛岗的调查由罗秉芬、吴从众、翟万馨、乔维岳、周秋有、仁青、王世镇在 1960 年 3~5 月进行。对艾玛岗宗的岗中谿卡、康萨谿卡、哈布谿卡、夏嘎谿卡、扎康谿卡、咱尼谿卡进行了调查。调查分为宏观的社会情况调查和微观的藏族家庭调查两个部分。调查方式采用入户访谈式。总共访谈各阶层家庭13户（见表0-1）。

表0-1　1960年艾玛岗被调查家庭及简要情况

序号	户　主	所属谿卡	人口	阶　层
1	堂拉	岗中谿卡	9	中等农奴
2	格桑	岗中谿卡	5	贫苦农奴
3	达瓦次仁	岗中谿卡	5	贫苦农奴
4	哈巴仓木决	哈布谿卡	7	贫苦农奴
5	登贞	哈布谿卡	7	贫苦农奴
6	强巴塔杰	哈布谿卡	12	中等农奴
7	柳洛扎西	咱尼谿卡	4	贫苦农奴
8	索南才仁	扎康谿卡	9	中等农奴
9	堆吉旺堆	扎康谿卡	9	贫苦农奴
10	央吉	夏嘎谿卡	5	囊生
11	玉加	夏嘎谿卡	8	富裕农奴
12	齐美才旺	夏嘎谿卡	7	农奴主代理人
13	平措	夏嘎谿卡	7	农奴主代理人

资料来源：《藏族社会历史调查》，西藏人民出版社，1991。

宏观调查主要是对西藏封建农奴制度下阶级存在和经济运行的调查。经济运行的调查重点在于对三大领主所拥有的谿卡中农奴生活状况的调查。具体表现在所有领地被三大领主占有，"并以残酷野蛮的手段强迫农奴们支付沉重的乌拉差役"。调查组对当时西藏民生之艰难定论为"广大农奴的生产与生活是极为悲惨的"，这是整个西藏人民在旧西藏时代生活的真实写照。

微观调查主要是对当时各阶层的农奴进行的。选取的调查对象分为上、中、下三个阶层，涉及农户13户，详细调查了其中的9户（其中，中等农奴3户，贫苦农奴6户）。调查内容主要集中在农户的家庭基本情况、生产生活资料、支差纳税、受压迫或者被剥削状况、生产劳动、日常生活消费，以及宗教信仰消费等，内容都非常详尽，调查的基本宗旨在于反映当时农奴阶层被盘剥和被压榨的严酷现实。

因为对艾玛岗调查时西藏上层已经发动了叛乱，此时正值中央在平定叛乱之后开始进行民主改革时期。对艾玛岗的调查就是在民主改革期间进行的。所以，这次调查具有明显的时代特征，用比较详细的数据对比不同阶级的生活现状，以此对落后的封建农奴制的生产方式，以及存在严酷剥削的生产关系进行批判和揭露。正如当时参与过西藏历史调研的专家回忆的那样：

> 这时候我们西藏组有一个非常重要的任务，就是中央要让全国了解西藏社会情况，便于准备将来西藏的改革；并预计明年初西藏的上层人士，很多人大代表都要来京开人民代表大会，也想让他们知道自己所处这个社会是什么情况。①

---

① 《西藏藏族社会历史调查——刘忠老师访谈录》，http://hi.baidu.com/liuzhongwei410/blog/item/6dc4098aaacefa8da5c272eb.html。

四　既有研究述评

（一）国内研究现状述评

关于西藏民生问题的研究一直是中国民族学、社会学研究的重点。从1956年开始到1962年结束的社会历史调查，为我国的边疆民族研究搜集了大量的资料，其间关于民生问题的调研是这次调查的一个重要方面。其中包括李有义、林耀华和宋蜀华等一大批专家学者对西藏及四川、青海、西康（当时有这个省份）、云南等省区的藏区进行了社会历史调查。他们涉艰履险，搜集整理了大量珍贵资料，成为研究西藏和其他藏区的第一手调查材料。这些调查材料自1983年开始由西藏人民出版社陆续公开出版，书名为《西藏社会历史调查资料丛刊》，共10辑，前6辑是关于西藏社会的调查资料，尤其是《东噶宗调查材料》《墨竹工卡宗甲马封建庄园调查报告》《山南专区扎囊县扎期区囊色林谿卡调查资料》《山南专区调查报告》《当雄宗调查报告》对于藏族农业地区封建领主庄园制和牧业地区部落经济的记录颇为详细。这次社会大调查对当时的西藏经济社会做了广泛的调查研究，为此后西藏民主改革提供了大量的现实依据，也为民主改革的顺利进行摸清了路径。同时，这次大调查也为整个藏区的经济社会留下了珍贵的历史资料，成为之后研究西藏社会的重要参考资料。但是，由于当时正处于民主改革期间，调查内容主要局限于封建农奴制社会形态下的经济问题和阶级分层，生产关系中存在的剥削和压迫等内容，具有强烈的时代特点，对于在民生中占有重要地位的生活方式、社会保障、医疗、教育等问题涉及不多。

改革开放以来，我国社会学、人类学（民族学）以及经济学、人口学等各个学科再次把关注西藏社会的发展作为研究的重要方面。关注西藏民生问题，成为国内外藏学研究的一个重要内容。对于中国的学者而言，研究西藏民生问题的时候，更多地把研究的最终目的集中在如何使研究成果成为中央及地方政府制定改善民生的政策建议，他们始终把维护国家利益和发展西藏社会作为研究的根本出发点。这方面已有的研究成果有《都市化与堆龙德庆乡村的变迁》（格勒，1995）、《西藏家庭四十年变迁——西藏百户家庭调查报告》（中国藏学研究中心社会经济研究所，1996）、《西藏的人口与社会》（马戎，1996）、《西藏社会发展研究》（旦增伦珠，1997）、《西藏农民的生活》（徐平，2000）、《西藏的贫困与反贫困研究》（罗戎战堆，2001）、《当代社会学、人类学对西藏社会研究》（旦增伦珠，2003）、《农牧民增收与西藏县域经济发展存在的主要问题和面临的挑战》（倪邦贵，2004）、《西藏农牧区教育发展道路的选择问题》（周炜，2004）、《西藏自治区县域经济发展研究》（徐明阳，2004）、《西藏农牧民收入问题研究》（罗戎战堆，2005）、《拉萨流动人口2005》（旦增伦珠，2009）等。这些研究都或多或少地关注了西藏农牧民的民生改善问题，为中央及西藏地方政府在制定和校验西藏经济发展政策方面提供了重要的依据。

在这些研究中，对于1960年左右进行的藏族社会历史调查进行的回访研究并不多。2004年，西藏社科院相关研究人员对墨竹工卡县甲玛沟乡进行了为期一年的调研，并以《西藏"一江两河"流域近半个世纪的社会变迁》为题对1960年代和当前甲玛沟乡的社会制度变革，社会管理方式变革历程，人们社会地位的根本变化，生产生活方式的变化，以及农村金融的变迁进行了研究。根据调查报告看，整个调查较宏观的研究比较多，研究重点在于经济生活的变迁。

（二）国外研究现状述评

在国外藏学研究中，有关民生问题的研究在近些年也十分突出，其中不乏一些能够比较客观公正地反映西藏民生在改革开放之后取得的巨大成就。例如由中国藏学研究中心社会经济研究所编译的《西方西藏及其它藏区经济社会研究论文选辑》中，有关西藏经济社会变迁的部分研究成果就十分具有代表性。梅尔文·戈尔斯坦、班觉、辛西亚·比尔、平措次仁撰写的论文《西藏农村的发展与变迁——问题与适应》（2003），作者运用人类学、社会学的研究方法，通过大量的田野调查研究后认为，西藏集体化经济解体之后，虽然产生了一些新的经济阶层，出现了一些贫困家庭，但是的确改进和提高了西藏农民的生活方式

西藏农区民生事业五十年

和生活水平。同样由梅尔文·戈尔斯坦和平措旺堆撰写的论文《西藏农村新的"以人为本"的发展理念》(2008)，也对西藏自治区实施的安居工程建设和政府资助的围栏养牲畜的政策给予了较为客观的评价。也有一些研究由于研究者的立场和对事实的阐释角度的问题，常常消解西藏民生发展中的成绩，而放大其中存在的一些不足，甚至以偏概全地否定西藏经济社会的发展，这也影响了藏学研究的客观性。比如《开垦西藏方略》(叶婷，2004)[Taming the Tibetan Andscape (Microform)：Chinese Development and the Transformation of Agriculture (Emily Ting Yeh, 2004)]，作者把中国政府鼓励农民转变农业种植结构，积极推广蔬菜大棚，以提高农民收入的行为说成国家霸权对自然景观的改变。把耕地农民自愿、适度、合理使用化学肥料以提高粮食产量的耕作方式贬低为"国家特别鼓励化学肥料的高投入"，等等。

五 调查点的地缘空间、历史沿革与乡村生活

(一) 地缘空间

艾玛乡位于西藏自治区日喀则地区南木林县境南部，地处湘河与雅鲁藏布江汇合处东岸。南以雅鲁藏布江为界与日喀则市隔江相望（见图 0-1）。乡政府驻地恰热村，距县城

50公里，距日喀则地区驻地38公里。全乡平均海拔3830米，辖区面积418平方公里。截至2010年，耕地面积22520亩，户数1668户，人口10430人。

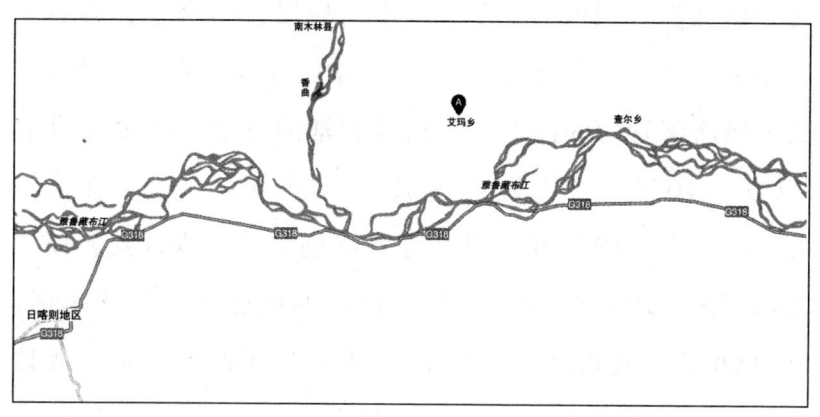

图0-1　艾玛乡区位

艾玛乡气候温暖湿润，属高原温带季风干旱气候，年平均气温摄氏6°以上，年降雨量430毫米左右，年日照时数3000小时左右，雨季相对集中，无霜期长，该乡地势开阔，地面较平坦，耕地大部分为河滩地，土层厚，水源充足，灌溉设施比较齐全完善，土地综合肥力水平较高，适合青稞、冬小麦、豌豆、油菜、土豆等农作物的生长，是具有明显区域性气候特点的纯农业乡，是南木林县经济开发的中心区域。

艾玛乡山巴村一带的各山区铁矿资源丰富，其中由于长期的雨水冲刷，拉布村一带的牛河流域的河砂中蕴含着丰富的砂铁矿资源。

（二）历史沿革

"艾玛"藏语意为"哎呀！在这样一个地方"。曾用名"野马岗"。1960年民主改革前后属日喀则宗，共有七个豁卡：艾玛、夏嘎、咱尼、岗中、康萨、拉布、扎康。其中属前藏管辖的四个，属后藏管辖的三个。1960年共有206户，1070人。有藏传佛教宁玛派小寺一座，有僧两人，尼一人。1962年1月从原日喀则划归南木林县，设立艾玛岗区。1962年3月，将多角区的山巴乡划归艾玛区。至1966年，艾玛区下辖山巴、艾玛、扎西、孜东、普鲁五个乡。1968年5月以后，南木林县9个区陆续建立革命委员会（简称"区革委"）。1970年，全县共办47个人民公社，全部实现了人民公社化。1970年艾玛区（驻恰热村）仍包括山巴、艾玛、扎西、孜东、普鲁五个区域（大队）。1980年撤区公所，在原区辖扎西乡、恰热乡、山巴乡、普鲁乡的基础上合并组成艾玛乡，归县政府直接领导。1999年8月，撤销原单列乡孜东乡，将其区域合并入艾玛乡。至2010年，艾玛乡辖恰热、夏麦、拉遵、龙穷、吉雄、德、阿荣、拉布、德庆、夏嘎、山巴、达夏、雪奴、奴堆、柳果、松东16个行政村，62个自然村（见表0-2）。其中，民主改革前的夏嘎、康萨和岗中归属夏嘎行政村，咱尼在民主改革后更名为"通门"，也归属夏嘎行政村，扎康归属德庆行政村。

导 论

表 0-2 艾玛乡各行政村人口基本信息

村 名	户数	农 户	牧 户	人口数	男	女
达夏	72	71	1	450	204	246
雪奴	210	206	4	1185	564	621
奴堆	47	45	2	312	146	166
夏麦	73	72	1	527	253	274
拉遵	43	38	5	296	157	139
龙琼	66	64	2	424	208	216
恰热	138	138	0	666	307	359
吉雄	113	107	6	737	361	376
德	108	104	4	618	298	320
阿荣	54	47	7	362	182	180
拉布	176	176	0	1020	489	531
德庆	141	141	0	930	476	454
夏嘎	149	149	0	1113	556	557
山巴	136	135	1	917	432	485
柳果	81	81	0	414	189	225
松东	59	59	0	307	159	148
小计	1666	1633	33	10278	4981	5297

资料来源：2010年艾玛乡生产统计表。

（三）基本经济状况

1990年，艾玛乡被列为西藏自治区"一江两河"综合开发区之一，这也是艾玛乡经济开始快速发展的起点。开发区建设的目标是成为本地草畜生产基地，商品粮生产基地。开发区辖6个行政村550户，3430人，1683个劳动力，土地面积14.54万亩。从立项至1994年，艾玛开发区共完成

25

国家投资2258万元，其中国家投资2139万元，农民投资折合人民币119万元，完成主干渠一条，长20.2千米，支渠7条，总长23.6千米。修筑乡村道路22.7千米，机耕道50.6千米，完成中低产田改造1.5万亩。新开垦荒地10046亩。工程造林4855亩，草场建设77069亩等。

开发区的建设除了各方面资金投入带来的经济收入之外，对艾玛乡农业基础设施和农业生产的现代化也起到了极大的促进作用，特别是加速了艾玛乡土豆种植业的发展。

当前，土豆种植产业为乡特色支柱产业，并已形成规模化生产。2000年全乡土豆种植面积不足3000亩，大部分耕地以种植传统农作物青稞为主。当时青稞亩产低，收入少，而土豆亩产2500公斤，每亩收入约1600元。正是看到土豆种植带来的经济效益，近年来，在自治区各级政府的大力扶持和帮助下，乡党委、政府积极引导群众进行产业结构调整，土豆种植面积逐年扩大，并于2003年在国家工商总局注册了"艾玛土豆"商标，同年10月被中国消费者协会确认为"绿色食品生产基地"，群众种植土豆的积极性空前高涨，2010年土豆种植20200亩，占耕地总面积的89.7%，总产量达5000万公斤，每亩产3000公斤。2000年艾玛乡粮油总产量450多万公斤，农村经济总收入1700多万元，牲畜存栏数3万多头（只、匹），人均纯收入1445.5元。

2010年，该乡生产总值达到7400多万元（其中第一产业约5500万元，第二产业约500万元，第三产业约1400万元），第一、第二、第三产业之比为55∶5∶14；人均生产总

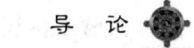

值7100多元，农牧民人均纯收入4700多元，10年间人均纯收入翻了两倍多。其中，现金收入2800多元，占总收入的近60%；粮油总产近8万吨，年末牲畜存栏3.5万多头（只、匹）；劳务输出3480人次，实现收入822.2万元。

（四）寺庙及宗教信仰

艾玛乡自古以来就是一个宗教活动较为频繁的地方，先后有苯教和藏传佛教的几个分支活动。民主改革以后，根据《中华人民共和国宪法》中关于公民宗教信仰及党对民族宗教的相关政策，尊重和保护县内少数民族的宗教信仰权利和自由，保护信教农牧民群众的权益，制定通过了一系列本地的宗教管理条例，严禁任何组织和个人干预农牧民群众的信教自由，各教派地位无高低之分、一律平等，现共有寺庙5座。

牛曲果林寺：位于艾玛乡德村。1663年由阿旺洛桑嘉措创建，属藏传佛教格鲁派（黄教）。鼎盛时期僧众达150人，1985年修建恢复。该寺占地面积5105平方米，定编14人。

孜东曲德寺：位于艾玛乡由西自然村。1488年由朗卡扎西创建，属藏传佛教萨迦派（花教）。鼎盛时期僧众达92人，1985年修建恢复。该寺占地面积770.14平方米，定编30人。

巴金寺：位于艾玛乡山巴村。1008年由坚布俗金创建，属藏传佛教宁玛派（红教）。鼎盛时期尼姑达23人，1984

年修建恢复,该寺占地面积1680平方米,定编6人。

仁青岗寺:位于艾玛乡夏麦村。1477年由曲吉杰、达仓洛杂瓦、扎巴西热、仁青桑布创建,属藏传佛教萨迦派(花教),属萨迦寺附寺。鼎盛时期僧众达32人,1988年7月3日落实政策后开始重建恢复,该寺占地面积4218平方米,定编3人。

多吉竹布寺:位于艾玛乡阿茶自然村。1245年由比如扎纳创建,属藏传佛教宁玛派(红教)。鼎盛时期僧众达12人,1986年修复开放。该寺占地面积300平方米,定编7人。

(五)家庭与婚姻

封建农奴制的西藏社会,长期以来人口增长速度非常缓慢,除了自然条件和落后的生产力等因素之外,一个重要的原因是生产关系的弊病。民主改革之前,西藏实行严酷的封建农奴制,每一个农奴都属于他的领主,领主和农奴之间不可调和的阶级矛盾,以及领主对各层级农奴的盘剥和压榨,使得农奴大量逃亡。在原属艾玛乡的七个豁卡,至1960年只有206户,1070人。1960年西藏实行民主改革之后,西藏社会生产力经过50年的恢复和发展,特别是中央连续五次西藏工作座谈会的召开,为西藏经济社会的发展制定了大量优惠政策,并通过中央和各省市的直接援藏资金使得西藏社会快速走上了建设西藏小康之路。西藏公共医疗卫生服务水平(卫生设施和医疗条件)和人民生活水平日益提高,西藏人口快速增长。人口出生率持续增长，而死亡率持续降低。至2010年年底，艾玛乡全乡共有1668户，10430人（比0－2表略有增加），劳动力6075人，50年人口增长了近10倍。截至2010年，南木林县人口出生率和死亡率分别是16.82‰和6.64‰、人口自然增长率为10.18‰。教育、医疗、卫生、社会保障等关系到民生的问题都发生了翻天覆地的变化，广大农牧民实现了幼有所教、老有所养。

艾玛乡婚姻主要形式有一夫一妻制，一夫多妻制（较少），一妻多夫制（农区较为普遍，一般几个兄弟娶一个妻子，这一来是为了家族势力着想，二来是为了应付繁忙的生产及外出劳力），这种家庭，以女性为中心。传统婚姻注重"门当户对"，按旧西藏《十三条法典》规定，分成三等九级，在婚配时只能上对上，中对中，下对下，今天，这种门当户对的婚姻束缚不复存在，大部分青年男女都可以在婚姻上有自己的意愿。

（六）地方风俗

1. 服饰

传统上，农区男子穿一种大领、右开襟的氆氇长袍。穿时将衣服顶在头上，腰系一条带子，垂下去的部分使其略过膝盖；伸出头后，腰部自然成容囊袋，可以放进随身的物品，脚穿皮靴或"松巴鞋"，过去的俗人男子都留发辫，有时为了便于操作，就把辫子盘在头上。西藏和平解放后，受汉族穿衣的启发，为了便于生产劳动，平常农区男子绝大多数都不穿藏袍和"松巴鞋",衣着汉式化,喜爱穿布做的衣裤。农区妇女,冬季穿长袖藏袍,夏季穿无袖藏袍及布制藏袍,内着各种颜色和花纹的衬衣,腰系一块有色横条的"帮垫"(围裙),脚穿"松巴鞋",两耳前面挂一对各种形式的饰物(耳挂),平常日子,妇女们着装朴素,便于生产劳动;喜庆日子特别是传统的"望果节"多佩戴饰物,一件羊羔衣袄,往往价值在千元以上,加上脖饰、首饰等总价值在万元以上,甚至几万元。牧区的服装,男女基本相似,一年四季都喜爱穿羊皮做的袍子,牧区男女所穿的袍子比农区藏袍更大更宽一些,牧女的袍子还镶上红黑绿色宽边,她们还习惯把头发梳成很多小辫,披于背上。牧民的羊皮袍子即是衣裤,一到晚上睡觉时宽衣解带把袍子当成被子,把藏靴当成枕头。

2. 饮食

艾玛乡主要饮食包括糌粑、酥油、青稞酒、清茶、牛肉、羊肉,同时还经常吃藏面(即当地面,把小麦磨成面粉)和萝卜、白菜、土豆、油茶叶子及野生小菜等蔬菜。近年来,农牧民吃大米、挂面、包子已较普遍,还做一些炒菜,食物品种比较丰富,营养结构更趋合理。

糌粑:因其成分不同而分为"乃糌"(纯青稞糌粑)、"白山"(青豌混合糌粑)。其用法是早上把糌粑加酥油茶混成面糊,中午吃糌粑团团,富有人家吃些牛羊肉,吃法上碗里盛茶水、糌粑,左手抓碗,右手搅拌食之。贵族、领主、头人等富有家庭再拌一些酥油、干奶酪、牛羊肉一起吃。总之，吃法简单，耐饥力强，便于携带。晚上喝"土巴"（用萝卜或一些蔬菜加点儿糌粑煮成粥），"土巴"分为几种：一种叫"糌土"，以水开后加糌粑，再加一些羊油；另一种叫"帕土"用当地面做成小团团煮熟后吃；还有一种叫"加土"类似于汉族的挂面。

酥油茶：藏民不可缺少的主要饮品之一。它的传统做法是把砖茶熬成很浓的茶汁，倒入"酥油桶"（是一个长约1~1.5米，直径约10厘米的木质桶）内加上适当的盐巴和酥油，用一种活塞式的棍轴在桶内上下冲击，使水和茶汁及酥油交融即成。打好后，倒入陶质的茶壶内，少许加热即可饮用。酥油茶的原料是酥油、茶和盐，三样缺一不可。在日常生活中除富有家庭外，平民百姓除早上或有客人时才喝酥油茶，平时只喝清茶，其做法是把开水倒入陶质茶壶内，外加少许茶汁和盐巴后即饮用。今天已经很少有家庭用木质酥油桶制作酥油茶，而是改用电动酥油搅拌机，每台300元左右，方便、省时、省力。

青稞酒：除喝茶外，喝青稞酒的习惯极为普遍，特别是农牧区和半农牧区更为流行，不管日常生活还是红白喜事青稞酒都是不可缺少的饮料，也是藏族喜欢喝的酒，逢年过节、结婚、生孩子、迎亲送友，必不可少。

肉类：肉的吃法主要有3种：一种是切块煮熟；另一种是吃生肉；还有一种是风干后生吃。这3种吃法当中风干肉最为有名，其做法是将牛肉切成条形，串挂在低温多风的地方阴干，风干肉肉质鲜红，无膻味，存放期长，不易腐烂发霉，携带方便。

3. 居住

房屋形式为平顶立体，采用石块或土坯砌墙，一般情况下从地基到高一米左右为石块，然后土坯砌墙。旧式房屋墙厚窗口小，门也矮小，屋内支以柱子，房以粗细适合的圆木或"下江木"为椽，再重排一层树枝，并铺垫一层小石子，在石子上再铺一层阿嘎土，人工夯实，俗称打阿嘎。牧区一般居住帐篷，大多数是用牛毛编织制成，部分为布料做成。帐篷内一般用两根柱子顶着，边围用5~8条绳子来固定，帐顶有开口可以通风，牧民帐篷中除日常所用的简单用品外，没有什么家具，这也便于他们按草场草势和季节游牧，较富有人家有些住房或仓库之类，但非常简陋。

2006年安居工程实施以来，农区住房从一层逐渐筑成二层，土坯床换成木质床，铁质三脚架炉灶变为铁皮炉子，藏桌、藏柜、沙发、电视、录像机等进入农民家中。努力引导牧民改变居住习惯，改变居住方式，建造适应牧区特点，符合民族习惯，具有民族特色的定居房屋，使游牧逐步走向定居。

4. 主要民族节日

（1）藏历新年。

湘河流域的民众和年楚河以南的后藏群众以藏历12月1日为新年。为了欢度藏历新年，湘河流域一般从藏历11月初开始操办供吃、穿、玩、用的各种年货。藏历11月29日晚饭前，要在打扫干净的灶房正中墙上用干面粉撒成各种吉祥图案，在房上画很多白粉点，表示粮食满屋。29日晚一般都要吃"古突"和举行驱邪活动，象征除旧立新，消灾免祸。"古突"，"古"是九，"突"是粥，是一种面疙瘩。面疙瘩里要包上9种东西，有面做的日、月，表示至高无上的尊严；有嘎玉儿（磁片），表示好吃懒做；有辣椒，说明长着刀子嘴；有羊毛，意为吃到的人温柔，富有耐心；有碳，表示吃到的人心黑；有盐，说明吃到的人是个懒人，也有的说吃到的人办事老到踏实；还有带角小面团，即是说吃到的人爱发脾气，说人长短等。无论谁吃到什么都要当场吐出，引起哄堂大笑，以助雅兴，但吃到带角小面团的人一定要喝大碗青稞酒。除夕之日，各家各户的藏柜上都放上层层垒起的各种油炸果，装满小麦和糌粑的双斗（藏语称为卓索切玛）、糖果、酥油茶、青稞酒，这些东西作为供品放在神佛画像或唐卡的下面，以示自己的虔诚。这一天为过好新年要做很多事，如切煮熟的绵羊头、切肉，准备初一年饭用的"卓热"（生小麦砸成扁状或粗细适当的东西），穿新衣，家庭主妇还要做初一早晨喝的"呛果"（用热青稞酒加上奶渣、人参果、红糖或白糖、适量的糌粑，有的还放熟米拌好后煮熟给家人吃）。初一中午要吃"卓土"（砸扁的生小麦加牛羊肉煮成的粥），"卓"意为吉祥、好运，吃"卓土"意为在新的一年里吉祥如意，好运常在。同时伴吃一些羊头、牛羊肉，较富有的人家中还专门做"卓玛麻枯"（油炸人参果），意为好运。这一天除亲属外一般禁忌到别人家去作客或串门。

西藏农区民生事业五十年

"切玛"是藏历年必备的东西,把"切玛"装在特别的双斗中,双斗是用木板特制的一种长方形的空盒子,中间用木板隔开。在双斗板上刻有多种多样的花和象牙、宝石等吉祥图案,有的还刻有月亮和星星。双斗的一头装有拌好的酥油糌粑,另一头装满小麦(意好运),两头顶上插有几根麦子和青穗(意为来年风调雨顺,粮满仓)。藏历新年,当你走进藏族群众家时,阿玛首先向你献"切玛",你就从双斗中的"切玛"里拿出一点儿来,并说"扎西德勒彭松措,切玛帕卓贡康桑"(吉祥如意、身体健康)。而后,再往自己的嘴里放进一点儿预祝新春如意、身体健康。

在过藏历年时,中青年妇女外面一般穿一件无袖长袍,里面穿各种颜色的衬衫,并翻领在外,腰上围一条彩虹般的"帮典"(围裙),脚上蹬一双自家做的高腰氆氇镶呢藏靴(松巴拉姆),并戴各种首饰。男子头戴"次仁金嘎"(前后各有一大沿,顶上是绣花缎子的藏式帽子),外穿氆氇藏袍,内穿藏式白色衬衫(柏热旺久),脚下一般是长筒皮靴或"松巴鞋"。

(2)望果节。

望果节是丰收来临之际的一大传统民间节日,流行于农区,没有固定的日子,又叫丰收节,藏语叫"曲果"或"望果节"。湘巴流域的"望果节"属该地区民族传统节日中最为隆重的一个,其含义是人民群众预祝农业丰收,一般举办要在农作物定型时,其意思是今年定会有好的收成。从字面上讲,"望"指农田,"果"指绕圈,结合在一起是指

"转地头"。

"望果节"分为两部分，头一天叫"曲果"，高僧领队，口吹法号，选出青壮男子，身着雪白的藏袍，头带白色的礼帽，脚穿长筒皮靴，身背经书，从左到右地绕着农田转一圈。这一天除了传统的宗教仪式外，没有特别的节目，干部职工和群众忙于搭帐篷以及过节的准备工作。第二天开始正式过"望果"，广大农牧民群众穿着新装，带着食物到固定的地方过节，从这天起民间藏戏团会演出全藏区著名的四大藏戏之一——湘巴藏戏，此外还有民间传统的"果谐"（圆舞）、"卓"（鼓舞）。人们在帐篷里欢歌笑语、喝酒作乐，呈现出一派祥和的节日景象。

"望果节"一般持续 5~7 天，在演出藏戏、圆舞、鼓舞的同时，举行一些带有传统和区域特色的体育比赛。如比肩力（藏语称卓西）、举重量不等的粮食（相当于牧区的投石抱石）等。参加这些活动的都是清一色高大魁梧的汉子。

（3）沐浴周。

每年藏历 7 月上旬，湘河流域的藏族和整个藏区一样，无论是县城还是乡村，无论是牧区还是农区，都有一个群众性的洗澡活动，这就是所谓的沐浴周。每年藏历 7 月上旬，当弃山星（金星）出现的时候，一群一群的男男女女，走出家门，纷纷来到湘河边，尽情地在水中嬉戏、洗澡。"弃山星"出现时洗澡有许多流行的神话，比较一致的说法是这个时候的水比"圣水"还灵验，能治百病。有一首这样的民谣："弃山星的出现，有病不用求医。"每当藏历 7 月弃山星出现时，洗澡的人便多了起来，弃山星出现的第4天用弃山星的精髓洗澡进入高潮，弃山星隐没后洗澡活动结束。

(4) 丧葬习俗。

藏民的主要丧葬方式为天葬，也有部分水葬和土葬，生前患有特殊疾病或严重传染病者，死后一般采取土葬。天葬的程序是：人死后，先请僧人卜算，算灵魂归宿，超度死者尽早走上寻找转世之路，由僧人或"曲卓"即生前好友把尸体卷曲成坐姿，并把头弯于其膝盖处，用白色藏被包起，放在屋内的一角，用土坯做垫，而不用床及其他物品垫，这是因为佛教认为人死以后，灵魂和尸体不是一起走脱，为了使灵魂不滞留屋内，用土坯垫尸，尸体背走后，土坯便扔到十字路口，灵魂就随之跑了。以佛祖僧人卜算结果为标准，停尸家中3~5天，这几天每天都要请僧人（湘巴藏族称为"卫热"）昼夜念经，点上酥油灯（多少依家境而定），超度死者的灵魂。死后的头一天下午，死者生前的亲朋好友都要前来家中吊唁，此活动湘巴藏族称之为"布达珍巴"。吊唁时来者带一壶酒，一条哈达，一点儿酥油或清油，一把炷香。停尸适当后举行出殡仪式（称上山），上山一般很早，几乎是天不亮的时候便开始，先把死者衣服剥光，四肢拥成一团，用白氆氇蒙上，然后死者后代把尸体背上天葬台；到天葬台后由操办天葬台的天葬师分尸解剖，把尸体喂之于鹰。操办天葬台的人下山回到死者家中后，死者生前的亲朋又来吊唁，称为"日帕需分配布"。再过3天后，到寺庙拿起死者生前的衣裤，请喇嘛超度，称为"曲嘎"，并从去世

导 论

的头一天算起，按七七四十九天，以一七为限，给死者请喇嘛念经超度，到四十九天时认为死者走出尘缘进入自我轮回之际，家人才洗头洗脸，一切恢复原状。在死者死后的四十九天之内，家人及亲朋一不请客，二不歌舞作乐，为死者念经行善，希望死者早日转生人间。一年过后，家人为死者做周年纪念，则请亲朋好友，摆酒设宴，同祝死者早进入极乐世界，吉祥成佛，表示哀悼完毕。

第一章 人口、土地与农业经济

一个地域的人口和土地资源状况是其经济社会发展的关键，所以，从根本上说，对人口和土地的关注，就是对其与经济社会发展关系的关注。西藏自治区地处我国西南边陲，是青藏高原的主体部分。长期以来，由于其独特的高寒气候，复杂多变的地形制约着西藏人口的发展以及对土地资源的开发和利用。此外，在长期的封建农奴制度下，三大领主不仅拥有西藏的耕地、草场、森林等全部生产资料和大部分的牲畜，而且还占有农奴和奴隶的人身。广大农奴和奴隶被束缚在领主的庄园和部落里，使用落后的生产工具进行简单的再生产活动，农牧业经济长期停滞不前，加之缺少医疗卫生设施，以及宗教等因素也导致西藏虽然地域广大，但是长期以来人口稀少，物资匮乏。

随着1951年西藏的和平解放以及1959年开始的民主改革运动，西藏的经济和社会事业开始较快发展。首先，因为经济发展，生活水平提高，社会保障体系的逐步完善使得人口总量不断增长。其次，由于实施了有效的土地开发，至改革开放初期，土地面积逐年增加。1952年，西藏地区耕地面积为163.3千公顷，至1979年达到229.9千公顷，增加了66.6千公顷，27年的时间增加了40.78%，为历史最高水平。尽管土地面积在一定时期内有效增加，但因为人口持续不断地增长，导致人均耕地在1967年达到0.153公顷的最高水平后持续下降。到1995年，西藏耕地面积为222.5千公顷，人均耕地已下降到0.093公顷。到2010年西藏人口突破300万，达到300.21万人，而实有耕地面积是229.53千公顷，人均耕地面积减少至0.077公顷。随着人口的不断增长，人地矛盾逐渐显现，西藏的耕地资源已承载不了更多的农业人口，这一问题已成为制约西藏经济发展，导致部分农牧民生活水平下降和贫困的重要原因。

本章研究内容是通过调查艾玛乡人口发展和土地资源的现状，对其50年来的人口、土地和农业经济的变化进行比较研究，以及为了应对人均耕地不足的现实，当地政府采取的发展经济的相关措施，借此讨论当前西藏农村的人口、土地与经济增长之间的关系。

第一节 五十年人口变化情况

人口的发展和社会经济水平、自然条件甚至社会制度有密切关系，而通常人口的规模、结构，以及出生率和死亡率都直接反映一个社会的社会发展现状。

历史上，无论西藏人民生存的自然条件还是社会环境，很大程度上都限制了人口的发展。1951年和平解放初期，"西藏约有人口105万人，比1737年增加10.53万人，增长11.15%，年均增长0.05%，比13世纪到18世纪的人口年均增长速度低0.04个百分点，这个时期人口增长变缓的主要原因是喇嘛人数过多，其占总人口的1/3还多，而达赖、班禅所属的格鲁派'善规'之一就是喇嘛'不得娶妻和从事生产劳动'，这一方面加重了人民的经济负担，使人民更加贫困而不利于人口发展，另一方面减少了参与人口再生产的人数，也必然阻碍人口的发展"。①

1951年西藏和平解放后，特别是1959年西藏民主改革以来，西藏生产发展加快，人民生活改善，医疗卫生水平提高，人民当家做主，社会安定，西藏人口发展迅速。西藏总人口从1952年的115万增加到改革开放初期1980年的185.28万，近30年的时间人口增加了60%，平均年增加约2.4万人。

尽管中国自20世纪70年代末开始实行计划生育政策，但对于西藏来讲并没有采取强制的计划生育措施，而是鼓励广大农牧民少生，所以生育依然是一种自然状态，人口出生

---

① 央宗、索朗仁青：《西藏人口的变迁与特征》，《西藏大学学报》（汉文版）2003年第4期，第40~46页。

率仍持续上升。1982～1990年，西藏藏族人口继续保持增长速度，年平均人口增长率达到2.18%。

1990～2000年，是西藏人口健康稳定发展的时期。在这10年里，西藏人口共增加了42.03万，增长19.1%。平均每年增加4.20万人，年平均增长率为1.7%。而同期全国人口增长了11.66%，年人均增长率为1.07%。

2001年西藏的人口已经达到262.95万，2010年，据全国第六次人口普查，西藏自治区人口突破300.21万，10年时间人口增加37.26万，增加了14.17%，平均每年增加约3.73万人，平均年增长率为1.37%。这次普查结果显示，全国的人口增长速度也远远低于西藏的人口增长速度，10年时间全国共增长人口5.84%，年增长率仅为0.57%。

根据全国第六次人口普查数据显示，从1980年开始，内地由于实施了计划生育政策，人口增长速度在1982～1990年大幅下降，2000～2010年，人口已经处于低增长水平；而西藏人口由1953～1964年低于全国的人口增长率，到1964～1982年略高于全国人口增长率，至2000之后的10年间，人口增长率高出全国人口增长率近2倍（见图1-1）。

此外，由于经济发展，社会保障体系的完善等各方面条件持续向好的方向发展，近20年西藏的人口死亡率持续下降，由1991年的8.4‰下降到2009年的5.1‰（见表1-1）。

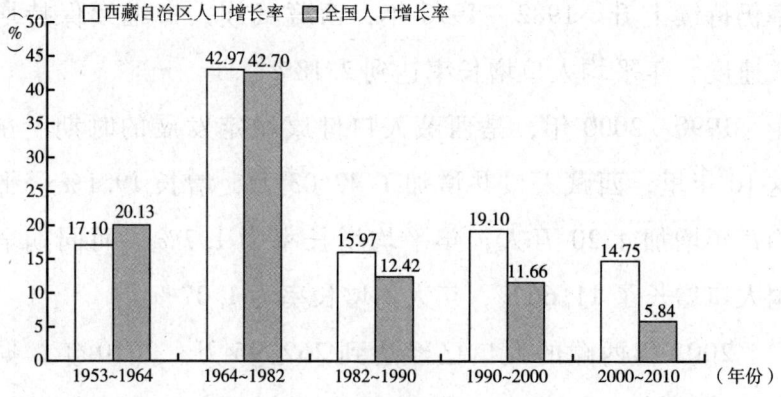

图 1-1 西藏自治区人口增长率与全国人口增长率情况

资料来源：全国第六次人口普查资料。

表 1-1 西藏人口出生率、死亡率和自然增长率（1991~2009）

单位：‰

年 份	出生率	死亡率	自然增长率	年 份	出生率	死亡率	自然增长率
1991	24.5	8.4	16.1	2001	18.6	6.5	12.1
1992	23.6	8.1	15.5	2002	18.8	6.1	12.7
1993	23.8	7.6	16.2	2003	17.4	6.3	11.1
1994	24.9	8.7	16.2	2004	17.4	6.2	11.2
1995	24.9	8.8	16.1	2005	17.9	7.2	10.8
1996	24.7	8.5	16.2	2006	17.4	5.7	11.7
1997	23.9	7.9	16.0	2007	16.4	5.1	11.3
1998	23.7	7.8	15.9	2008	15.5	5.2	10.3
1999	23.2	7.4	15.8	2009	15.3	5.1	10.2
2000	19.5	6.6	12.9				

资料来源：《2011 年西藏统计年鉴》。

第一章
人口、土地与农业经济

由表1-1可知，西藏人口发展总的趋势是，民主改革之后，人口在较短的时间内实现了快速增长。主要原因是社会经济的发展以及医疗条件的改善导致死亡率的逐年下降。其次是1990年以来，自然增长率在逐年下降，但是仍然保持在10‰以上，可以说人口稳定增长的态势没有改变，并将长期持续下去。

艾玛乡的人口变化和西藏自治区的人口变化基本保持一致，无论是户数和人口的总量以及人口出生率与1960年相比都大大地增加了。1960年民主改革时，艾玛乡七个谿卡共有206户，1070人。经过50年的社会发展和原来行政管辖范围的调整，至2010年艾玛乡16个行政村共有农牧户数1668户，10430人。其中农户1635户，牧户33户。我们通过对艾玛乡近6年来的人口统计（见表1-2）看出，人口每年都以1%以上的速度增长，这和整个西藏人口发展趋势基本吻合。

表1-2　2005~2010年艾玛乡人口统计

年份	户数	人口	年增长人数	年增长率(%)
2005	1476	9588		
2006	1541	9794	206	2.15
2007	1559	9909	115	1.17
2008	1582	10041	132	1.33
2009	1633	10160	119	1.19
2010	1668	10430	270	2.66

资料来源：2005~2010年艾玛乡生产统计表。

西藏农区民生事业五十年

总之，1960年实行民主改革之后，西藏社会生产力经过50年的恢复和发展，特别是中央连续五次西藏工作座谈会的召开为西藏经济社会的发展制定了大量优惠政策，并通过中央和各省市的直接援藏资金，使西藏社会快速走上了建设小康之路。西藏公共医疗卫生服务水平和人民生活水平日益提高，人口出生率持续增长，而死亡率持续降低，使西藏人口稳步增长。

第二节　土地及其分配

西藏自治区大部地域地势高亢、地形复杂、高低悬殊，气候、水文、土壤和生物等自然地理要素都具有高原山地的特点。土地类型复杂多样，农业开发和利用条件都存在着很大的区域差异。日喀则地区及其下属的大部分县，包括南木林县处于藏南河谷地带，即雅鲁藏布江两岸及其支流年楚河、萨迦河平坦谷地。这里气候温暖干旱，最高气温月平均摄氏13°~16°，年降水量300~500毫米。耕地集中连片，且土层深厚，有一定的灌溉设施，是发展农业的风水宝地。

艾玛乡位于南木林县境南部的雅鲁藏布江及其支流湘曲、浪孔曲、土布普曲等下游流域。雅鲁藏布江河谷地势开阔，湘曲、浪孔曲、土布普曲下游河谷宽达2~4公里，耕地多在洪积扇面及洪积台地上。

民主改革之前，这里的土地所有制形式为封建农奴所有制，

第一章 人口、土地与农业经济

大部分土地、牲畜、生产工具属于当时的三大领主,也就是当时的政府、贵族和寺院。旧西藏各领主把土地、草场租给农奴耕种和管理,建立租佃关系。大多数农奴支应各种土地差、徭役并交纳各种赋税,而所得到的分配额常常不足土地收益的10%。由于差役租税繁重,农奴苦不堪言,终年挣扎在贫困、饥饿和死亡线上,有的甚至逃亡。这导致当地人口急剧下降,土地无人耕作,沙化、荒废现象严重,草场变成了无人区。正如1960年调查组对其中的岗中谿卡的描述:

> 岗中谿卡全部土地属于三大领主(官家:后藏堪布会议厅、扎什伦布寺或当地的恩规寺、贵族)的。农民们当时有个比喻:凡是太阳能照到的地方都是三大领主的。这同历代王朝的"普天之下莫非王土"何等相似。所有领地被三大领主划分成面积大小不等的差地,又将差地强迫农奴们耕种。并以残酷野蛮的手段强迫农奴们支付沉重的乌拉差役。以劳役为主的乌拉差役包括实物和货币。①

1959年8月,艾玛乡开展了农区"三反""双减"运动,牧区以"三反""两利"和寺庙以"三反""三算"为主要内容的民主改革运动。国家通过对进步上层贵族的土地、牲畜、草场和生产工具实行协商赎买,对顽固、反动的

---

① 《藏族社会历史调查》(六),西藏人民出版社,1988,第298页。

噶厦政府和寺庙领主所有的生产资料全部没收，制定了土地分配政策。民主改革后，农牧民管理自己的土地、草场，实行自给自足的经济，国家对缺粮、断种、无畜的农牧民，实行贷款、贷粮，1966年之前艾玛乡农民除交征不足5%的爱国公粮外，无其他任何赋税。

民主改革的顺利完成，标志着封建农奴制度的彻底摧毁，农牧民个体所有制得以确立，广大农奴彻底摆脱了"三大领主"的统治，成了新社会的主人，土地得到了统一分配，实现了"耕者有其田，牧者有其畜"，开辟了劳动人民当家做主的新纪元。土地改革以来，是农业稳定复苏时期，社会制度的变革，促使生产力得到了解放，提高了广大农奴生产的积极性，同时政府制定各项优惠政策，大力扶持农业生产，改良生产工具，垦荒造田，兴修水利，农业科学技术得到了初步应用，农牧业呈现出一派繁荣景象。

十一届三中全会之后，南木林县落实完善国家对于农牧区的各项方针、政策，实现工作重点向经济建设转移，逐步进行农牧业经济体制改革。

1982年，南木林全县开始推行联产承包责任制。贯彻落实因地制宜，分类指导，联产到劳，专业承包，包产到户，包干到户等多种责任制形式。艾玛乡在这一年完全实行联产承包责任制。在坚持土地、草场、森林公有制的前提下，在农区实现了"土地归户使用、自主经营、长期不变""在牧区实现了牲畜归户使用、私有制私养、长期不变"两个长期不变自主经营体制，使农牧业生产从此进入一个崭新的时代。

第三节 人口、土地与农业经济

(一) 人地矛盾的长期化

实现社会全面进步，提高经济发展水平，就要有效利用资源，实现可持续发展。西藏虽然资源比较丰富，但是生态环境脆弱，人口自然增长率较高，而在依然以农牧业经济为主的区域，人口的不断增加势必导致人均耕地和牧草地的持续减少。

1952 年，西藏地区耕地面积为 163.3 千公顷，人均耕地 0.153 公顷。西藏民主改革后，各级政府为了解决耕地少的问题，实施了有效的土地开发措施，使得耕地面积逐年增加，到 1979 年达 229.9 千公顷，为历史最高水平。其后耕地面积略有下降，至 20 世纪 80 年代基本保持在 225～229 千公顷之间。之后由于人口的不断增加，导致人均耕地面积在 1967 年达到 0.153 公顷的最高水平后开始逐年减少（见表 1-3）。

表 1-3　西藏耕地面积变化（1952～1997）

年 份	耕地面积（千公顷）	人均耕地面积（公顷）	年 份	耕地面积（千公顷）	人均耕地面积（公顷）
1952	163.3	0.153	1962	194.3	0.149
1959	167.6	0.137	1963	194.5	0.147
1960	185.2	0.146	1964	197.1	0.146
1961	188.7	0.145	1965	202.8	0.148

西藏农区民生事业五十年

续表

年 份	耕地面积（千公顷）	人均耕地面积（公顷）	年 份	耕地面积（千公顷）	人均耕地面积（公顷）
1966	205.9	0.147	1982	227.4	0.120
1967	217.7	0.153	1983	229.1	0.119
1968	218.4	0.151	1984	225.4	0.115
1969	218.3	0.145	1985	223.6	0.112
1970	218.3	0.145	1986	222.3	0.110
1971	222.7	0.143	1987	221.4	0.107
1972	224.4	0.141	1988	221.5	0.104
1973	222.1	0.137	1989	222.4	0.103
1974	223.6	0.135	1990	222.5	0.101
1975	225.7	0.133	1991	222.9	0.099
1976	226.9	0.132	1992	223.8	0.098
1977	227.6	0.129	1993	222.6	0.096
1978	227.6	0.127	1994	223.0	0.095
1979	229.9	0.126	1995	222.5	0.093
1980	229.2	0.123	1996	224.80	0.923
1981	225.1	0.121	1997	228.76	0.108

资料来源：据《西藏自治区社会经济统计年鉴1989》《西藏自治区统计年鉴1998》推算。

到1995年，西藏耕地面积为222.5千公顷，人均耕地已下降至0.093公顷。全部耕地中有效灌溉面积176.7千公顷，其中保灌地只有77.3千公顷。1997年西藏耕地面积有所增加，为228.76千公顷，人均耕地0.108公顷。到2010年西藏人口达到300.21万，而实有耕作土地面积229.53千公顷，人均耕地面积减少至0.077公顷。随着西藏自治区人口总量的进一步增长，西藏人均耕地水平的持续下降将不可避免。西藏的耕地资源已承载不了更多的农业人口，这一问题已成为制约西藏经济发展，导致部分农牧民生活水平下降和贫困的重要原因。

此外，西藏自治区实施家庭承包制之后，土地政策执行的是"土地归户使用、自主经营、长期不变"，也就是1984年集体化之前就是村民的人才可以获得一份土地，之后的新生人口基本不再有获得土地的机会。因此，集体化之前家庭成员少，分得土地也少的家庭目前土地占有量依然少，不同的是这些家庭由于子女结婚成家，新生人口已经大大增加，有的家庭人口甚至会成倍增长。这致使一部分依然以农业为主要经济来源的家庭长期不能致富，甚至陷入贫困。

艾玛乡各农业家庭土地占有情况也正面临这样的问题。我们以2005~2010年艾玛乡人口增长和土地变化情况（见表1-4）为例。

表1-4　艾玛乡2005~2010年人口及土地变化情况

年　份	户　数	人　口	土地面积(亩)	人均土地(亩)
2005	1476	9588	20420	2.13
2006	1541	9794	20420	2.08
2007	1559	9909	20420	2.06
2008	1582	10041	20420	2.03
2009	1633	10160	22520	2.22
2010	1668	10430	22520	2.19

资料来源：2005~2010年艾玛乡生产统计表。

由表1-4可知，2005~2008年，艾玛乡的人口持续增长，然而土地耕作面积并没有扩大，人均耕地面积逐年减少，这势必导致农牧民的人均收入减少。

我们在对原扎康谿卡农奴堆吉旺堆的儿子次仁诺布调研时，谈到目前家庭面临的困难时，他说：

> 生活过得有点儿难，主要是地少人多，又没什么其他收入，到外地打工也没有多少收入。要脱离贫困，希望政府在粮食或者土地上给政策。[①]

为了缓解土地紧张的局面，自2008年开始，乡政府开垦了2100亩荒地，并把这些荒地分配给其中几个土地相对较少的村落作为耕地和草料种植地（见表1-4、表1-5），但是这些开垦的荒地并不能作为主要经济作物用地，基本上是用于种植苜蓿，有些家庭仍然不能满足生产的需求。

个案一

松东村的坚赞一家以前一直靠外出乞讨生活，一个很重要的原因就是土地资源缺乏。他们家以前有5口人，却只有一个人的土地。为了解决他人多地少的问题，南木林县实施安置流浪乞讨人员政策之后，坚赞一家被安置在松东村，并得到12亩土地。我们调研期间，坚赞家

---

① 笔者调研笔记。

又增加了两口人,截至2010年7口人只有土地12亩,人均1.7亩左右。加上新开垦的土地产量不高,所以全家依然不能脱贫,每年仍然依靠政府救济生活。面对贫困,坚赞说:"一个是劳动力少,再一个就是土地太少。现在不享受低保,粮食根本不够吃,现在每半年政府救济大米、面粉和青稞各150斤,现金546元。"

表1-5 2008年艾玛乡开垦土地分配

单位:亩

村 名	土地面积	草料(亩)	村 名	土地面积	草料(亩)
奴堆	707.25	200	德庆	3173.35	250
夏麦	987.81	250	夏嘎	3023.87	250
恰热	1790.90	370	山巴	1592.10	150
吉雄	1457.97	300	松东	689.00	50
拉布	2829.23	280	合计	16251.48	2100

在土地日渐成为影响农民收入的重要因素之后,南木林县政府结合艾玛乡的实际情况,在现有土地不增加的情况下,采取了积极调整作物结构,发展特色产业,改进生产条件,提高管理水平和改善水利设施等手段以提高单位面积产量等多种办法增加农牧民收入。

(二)把土豆作为主要经济作物,调整产业结构,实现增收

艾玛乡位于雅鲁藏布江北岸,平均海拔3830米,属高

西藏农区民生事业五十年

原温带季风干旱沙谷气候，年日照时数3000小时左右，无霜期长，地势开阔，耕地大部分为河滩地，土层厚，有基本的农田灌溉设施，土地综合肥力水平较高，非常适合土豆等农作物生长。在历史上，这里主要种植的农作物是青稞、小麦、油菜、豌豆、土豆和萝卜等，没有特色产业。在封建农奴制社会体制下，生产效率低下，农业产品除去交给农奴主的地租和各种差税之外，农奴连自己的口粮都不够，更谈不上余粮。改革开放以来，在自治区政府鼓励发展特色农业的政策引导下，南木林县政府积极调整农业种植结构，发展土豆种植的优势农业，开始大面积种植土豆。

艾玛乡于2003年5月28日在国家工商总局注册商标，2003年10月14日被中国消费者协会确认为"绿色食品生产基地"。2000年艾玛乡土豆种植面积不足一万亩，到2005年扩大到1.5万亩，占总耕地面积的73.5%，并加大开荒力度，进行土地改良，耕地面积和土豆的种植面积不断扩大，到2009年全乡土豆种植面积达到2.02万亩，亩产6109.6斤，总产量达到12341万斤。农村经济总收入从2005年的4254万元，增长到2009年的7211万元；人均收入从2005年的2910.08元，增长到2009年的4471.28元。其中山巴、夏嘎、拉布三个土豆种植专业村，共有耕地6728.2亩，建立了5400亩土豆标准化生产示范基地和350亩的薯种基地。进一步提高了艾玛土豆的品质，使"艾玛土豆"在全区农产品市场上脱颖而出，也切实为群众的增收提供了科技支撑，促进农业生产方式从传统农业向现代农业的转变。

截至2010年,土豆种植产业已经成为全乡特色支柱产业,并已形成规模化生产,以产量高、品质好、营养均衡、耐储藏等特点而闻名全区。2010年总耕地面积为22520亩,其中土豆种植面积达20200亩,约占总耕作面积的近90%,产量12646万斤,亩产6261斤(见表1-6);2010年全乡经济总收入为7816万元,人均纯收入4791元,其中现金收入2875元。在这些收入中大部分来自土豆种植业。

表1-6 艾玛乡2005~2010年农作物种植面积一览

单位:亩,斤

年份	土豆 面积	土豆 单产	土豆 总产	青稞 面积	青稞 单产	青稞 总产	小麦 面积	小麦 单产	小麦 总产
2005	20000	6792	135842127	131	714	93284	36	708	25667
2006	20000	6939	138783619	131	723	94454	36	741	26865
2007	20128	6415	129118362	292	648	189349			
2008	20210	6377	134747389	220	691	152020			
2009	20200	6110	123413920	220	693	152504			
2010	20200	6261	126462706	220	726	159720			

资料来源:2005~2010年艾玛乡生产统计表。

(三)利用科技手段,改良土豆品种,增加土豆产量

自从规模化种植土豆以来,南木林县和艾玛乡政府以及

自治区农牧科学院一直在针对传统的土豆耕作方式和薯种进行科学实验。自2007年开始采用从甘肃引进脱毒薯种，在山巴、夏嘎、拉布、德庆、恰热村实施土豆连片种植规划，连片地块73块，面积9400余亩。同时，对播种期、播种量等各个环节都进行科学管理（见表1-7），借此提高土豆产量和质量。

表1-7 艾玛土豆种植技术统计资料

播种期	5月1~17日（根据当地实际情况，如要早上市，也可在4月6日左右开播，但产量会有所下降）
播种量	325公斤/亩
施肥量	农家肥2000公斤/亩
	土豆专用肥22.30公斤/亩
	二铵12公斤/亩
	尿素7公斤/亩
株　距	40~45厘米
行　距	38~40厘米
播种深度	15~18厘米
田间管理	中耕锄草3~4次（7月初第一次锄草，7月中旬锄草一次，开花之前进行最后一次）
灌水时间	第一次　6月20~30日，应看主干长至6~10厘米时灌第一次水，同时追肥（尿素3~5公斤/亩）
	第二次　7月15~25日
	第三次　8月27~9月7日（雨季降雨量多，则推迟）

资料来源：2011年调研资料。

自2007年采用了新的种子和种植技术之后，山巴、夏嘎、拉布、德庆以及恰热村的土豆亩产量要明显高于艾玛乡平均土豆亩产量（见表1-6、表1-8）。2009年和2010年艾玛乡遭遇干旱，土豆亩产量有所下降，但是亩产最低依然达到6200斤以上（见表1-8）。

表1-8　2008~2010年艾玛乡五个土豆连片种植村产量

单位：斤

年份(产量) 村名	2008	2009	2010	年份(产量) 村名	2008	2009	2010
山巴	7150	6491	6636	德庆	7476	6400	6845
夏嘎	6700	6750	6843	恰热	7200	6335	6200
拉布	6800	6450	6720				

资料来源：2008~2010年艾玛乡生产统计表。

（四）加强农田水利建设，实现增产

南木林县境内水资源丰富，雅鲁藏布江从西而东沿南缘边境流过，其"五条一级"支流湘河（曲）、邬郁河、土布加河、孜东河、查尔河均呈格子状水系，从北向南注入雅鲁藏布江干流。此"五条一级"支流流域都是全县粮食主产区。民主改革之前，虽然有良好的水利资源，但是南木林县的水利设施分散、简陋、效益很低，农田有效灌溉面积极小，所以遇到干旱之后，旱情无法缓解，大片土地荒废，老百姓所能做的就是逃亡或者沦为乞丐。

1970~1979年，全县经过大搞水利建设，兴修中小型水渠52条，全长92万米，有效灌溉面积达7.5万亩，占总耕地面积的80%，其中牧区草场灌溉面积达4000亩。

艾玛乡位于县境南部，地处湘河与雅鲁藏布江汇合处东岸。南以雅鲁藏布江为界与日喀则市隔江相望，1990年，艾玛乡被列为西藏自治区"一江两河"综合开发区之一。借此机会，艾玛乡完成了主干渠一条，长20.2千米，支渠7条。因为艾玛乡耕地面积大，主要以种植业为主，自从艾玛主干渠建设好后，对其社会经济发展产生了巨大推动作用，给农牧民群众带来了更多的实惠和方便。

为了加强水利设施建设，保证农业生产的顺利进行，近些年，南木林县政府对于艾玛乡用于防洪抗旱和农田灌溉的水利投入资金逐年增加。2008年又修建了阿玛热渠，总长248米，西段堤坝长250米，东段堤坝长213米，以灌溉山巴、拉布、德庆、柳果、松东五个村的耕地，灌溉面积达6115亩。

经过50年的建设，目前艾玛乡有灌溉水渠30多公里，人畜饮水工程覆盖率达95%以上，特别是艾玛乡主干渠的修建，提高了农产品产量，抑制洪水对农田的损毁，也推动了经济社会的健康发展（见表1-9）。

表1-9 艾玛乡各村现有水利项目统计

单位：米、亩

村名	水渠 条数	水渠 长度	水渠 灌溉面积	水渠 受益户数	水渠 人数	水塘 座数	水塘 灌溉面积	水塘 受益户数	水塘 人数	水坝 条数	水坝 长度	水坝 受益户数	水坝 人数	防洪堤（条）
达夏	5	6800	922.16	68	443	2	892.16	68	443	4	890	68	443	
雪奴	14	7000	1712.38	195	1179	5	1682	150	980	8	2500	195	1179	
奴夏	12	5400	707.25	45	301	8	507.25	45	301	4	480	45	301	
麦罗布尊	14	11500	987.81	73	522	3	500	60	452	8	7000	73	522	
琼	7	6400	336.78	39	295	4	230	35	245	25	500	39	295	
龙恰	15	15000	1075.94	65	425	3	40	29	205	1	250	65	425	
吉雄	11	8500	1790.9	138	648	1	600	19	250	2	750	138	648	
德	11	8650	1457.97	112	730	8	1458	112	730	7	5000	112	730	
阿荣	13	18000	994.3	91	600	9	924.3	76	540	20	1500	91	600	
布	8	4800	626.36	51	368	4	320	52	368	8	160	52	368	
拉庆	27	42388	2829.23	165	979	1	1930	105	739	9	582	165	979	
德嘎	20	40000	3173.35	140	920	1	130	18	80					
夏巴	25	40500	3023.87	144	1101	6	2920	144	1101					
山柳	3	2500	1592.1	130	851					2	1450	130	851	1
果	11	10000	600.6	79	407									
松东	5	4800	689	47	272									
合计	201	232238	22520	1582	10041	55	12133.71	913	6434	98	21062	1173	7341	1

资料来源：2011年调研资料。

（五）建立相对完善的储存和销售渠道，确保土豆生产效益最大化

艾玛乡为了实现土豆保鲜存储，实现秋收春卖，利用招商引资建设了专门的冷库，这样在来年新产土豆还没上市之前，销售存储新鲜的土豆到市场，提高土豆销售价格，实现增收。2003年为了打开土豆销售渠道，由乡干部带队，带领农民到拉萨促销，打开了市场。为了最终解决土豆的销售问题，艾玛乡于2004年投资建成了艾玛桥头农贸批发市场，并成立了土豆销售协会，以解决土豆大面积种植之后可能出现的销售难的问题。土豆销售协会在创造良好的经济、社会效益中发挥了重要作用。此外，协会还与一些商贸公司签订了土豆收购协议，在种植之前就解决了销售问题。该协会从最初的10多个人发展到2011年的78人，规模逐步壮大，从而在销售渠道和价格协商上为土豆销售创造了一个平台，培育出更多当地的市场经纪人，推动土豆向纵深的方向发展，发挥了积极的作用。

由于艾玛乡土豆品质好、淀粉含量高，市场需求量大，以及县、乡政府在销售领域参与市场能力的提高，近几年生产的土豆均没有出现销售不畅的情况，在市场上深受顾客和加工企业的欢迎。区内销售至拉萨、日喀则、阿里、那曲、山南等地区，远销尼泊尔等地。特别是近几年来，在县委、县政府的领导下，艾玛乡党委、政府抓住发展机遇，大力实施农业产业结构调整，发展特色经济，积极探索经济增长的

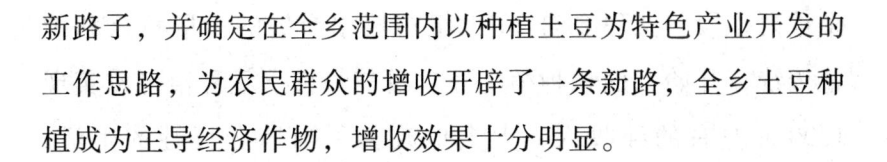

新路子，并确定在全乡范围内以种植土豆为特色产业开发的工作思路，为农民群众的增收开辟了一条新路，全乡土豆种植成为主导经济作物，增收效果十分明显。

第四节　小结

我国是一个农业大国，农村人口占有较大的比重，农村、农业、农民的发展问题是关系到我国全局的重大问题，因此，"三农"问题历来都是中央政府工作的重心。西藏自治区则是更为典型的农牧业模式的经济区域，第一产业在产业结构中的比重超过50%，并有近80%以上的人口居住在农牧区，解决好农牧业、农牧区和农牧民的发展问题，对于全区经济发展、社会稳定具有十分重要的意义。就目前西藏的实际而言，农业经济的发展，对于稳定西藏粮食生产，提高农民收入有着其他产业无可替代的重要位置，因此，大力发展农业经济依然是当前西藏农村工作的重点。

第一，大力发展农业经济是西藏社会稳定和发展的基础。西藏农区生态脆弱，基础设施建设相对滞后，对于大部分农区基本不具备大力发展工业的可能。同时，相对广大的地域，人口稀少，没有人流就没有物流，商业也不能得到有效发展。

第二，以艾玛乡近些年的发展经验而言，在工业和商业还无法成为农牧民经济收入主要来源的时候，大力发展特色农牧业是缩小目前城乡收入差距，改变农村经济收入低的一个重要手段。艾玛乡自20世纪初根据当地的土壤特点和种植传统，开始大面积种植土豆。目前每亩土豆种植可以实现1800元左右的纯收入，大大地改善了当地老百姓的生活，老百姓人均年纯收入已经达到4700多元。

第三，重视西藏人口与土地承载能力相协调的问题。要大力发展农业经济，土地拥有量是关键，而西藏的耕地资源近十多年一直保持在225万公顷左右，由于人口的不断增长，2011年西藏人均耕地下降到1.16亩。在土地资源基本无法改变的情况下，适当控制人口增长是必然的政策选择。我们在艾玛乡调研中发现，传统上，实行兄弟共妻的家庭新生人口比较少，处于比较合理的人口结构，以此保证较好的家庭生活水平。今天，由于青年人婚后另组家庭的情况逐渐增多，每个家庭一般要生养三四个子女，而新生子女又没有土地，这导致不少贫困家庭出现。因此，我们要排除各方面的干扰，做好计划生育宣传，鼓励优生优育，并在农牧区采取有效的避孕措施，政府应十分重视这方面的工作。

第四，尽早制定合理的土地分配政策。西藏自改革开放以来一直实行"土地家庭承包制"长久不变。就我们多年在西藏农村的调研来看，因为此政策不能得到土地的新生人口在逐渐增多，同时因为婚丧嫁娶和户口迁移等原因导致的土地分配不均问题也在逐步显现。如何解决土地原始分配带来的问题，需要尽早出台新的合理的政策措施。

第五，加大水利建设投入，提高农业的单产量。目前的水利设施多是各村的小型水渠，防洪或抗旱的功能较弱。因此，要大力建造水利设施，不仅用于土地的灌溉，而且要增加水利设施抵御洪灾和旱灾等自然灾害的能力，同时水利建设要长期化，不能只顾眼前利益，总是修修补补，重复建设，效益低下。此外，西藏自治区农业进一步发展的前景不可能寄托在耕地面积的简单扩大上；其未来的发展在于改进耕作技术提高单产。这就需要投入大量资金支持农业科技进步，同时还要求对广大农民进行农业科技知识和管理能力的培训。

第二章 生产现代化与经济多样化

西藏和平解放前,由于封建农奴制经济社会制度的束缚,加上高原严酷的自然环境、落后的生产工具和生产方式,导致整个社会生产力几乎处于一种停滞状态。1951年西藏和平解放时,生产总值仅为1.29亿元人民币。因此,对于旧西藏95%处于社会底层的农牧民而言,生活艰难,忍饥挨饿、流浪、逃亡成为当时整个西藏社会的一种常态。

自1959年西藏实行民主改革以来,中央和西藏自治区政府始终把改善西藏民生作为第一发展要务,大力解放和发展生产力,力求早日在西藏实现经济社会的现代化。因此,长期以来各级政府通过大量资金投入来改善农牧区经济基础薄弱的局面。改善广大农牧区的交通、水利等基础设施建设,为农牧民发放购买现代化生产工具补贴或者直接发放机械化农具,利用多种方式开展科技兴农,以及扩大农牧民的生产空间,谋求外向经济。经过半个世纪的发展,广大农牧区目前已经行进在现代化建设道路上,生产能力和生产效率大幅提高,收入方式也在逐渐增多,最大限度地提高和改善民生水平。

第一节 生产工具及生产方式的现代化

(一)生产工具的现代化

生产工具对于改变人类生活环境和促进社会变迁具有十分重要的作用,它影响的范围不仅是宏观社会,同时对于社会中的个体生活也影响深远。生产工具的进步可以极大地提高生产效率,增加劳动者的闲暇时间,从而增加更多务工的机会,改善他们的生活质量,提高他们的生活水平。对于整日在土地上劳作的农民而言,他们的生产实践从古至今都是在对生产工具的制造和革新中完成的。因此,有人把生产工具作为人的一种"人工器官",它延长、加强、补充了人的"自然器官"。[①]

据有关研究,西藏直到和平解放以前,农业生产的工具是铁木并用,有的地区以铁制农具为主,木质农具为辅,局部地区以竹木工具为主(见《西藏封建农奴制社会形态》),其主要农具为铁铧犁、牛轭、耙、铁锄、铁锹、镰刀、叉、

---

① 考茨基:《唯物主义历史观》第一部第三卷,上海人民出版社,1984,第 254 页。

手耙、筐等（见表2-1），生产工具和生产方式都处于很低的水平。

表2-1 艾玛乡部分传统农用工具一览

序号	名称	构成	用途
1	木犁	主要构成有木辕、木脖和木尖（有些铁铧尖）	耕作，民改后木犁尖全部换成铁铧尖
2	耙子	以木耙架、木耙椅和木耙钉钩成	耙田、耙草。民改后，木耙钉换成铁钉，沿用至今
3	背桶	木制	主要用来背水，民改后多换成铁皮桶，木铁桶混用至今
4	扬场木杈	木制	主要用来扬场、堆草，沿用至今
5	筛子	分粗孔、中孔、细孔三种	筛豌豆、青稞、油菜，主要功用是分出籽粒，沿用至今
6	木杈	木制	用于运输中装收获作物，还用来晒场时做翻晒作用，沿用至今
7	木桶	木制，较大，可容水200公斤	作家庭蓄水用。民改后多换成铜制桶或两种桶混用至今
8	铁铲	铁质	方头较大，用于浇地、翻地等，沿用至今
9	水磨	石质	用来磨制糌粑、面粉，沿用至今
10	石磨	石质	主要在牧区用，用来磨制糌粑、面粉，沿用至今
11	镰刀	铁质	收割庄稼、割草
12	铁锄	铁质	秋收挖萝卜和土豆，刨土，挖坑
13	铁锹	铁质	修渠、挖沟、积肥等

资料来源：2011年调研资料。

1960年调研组对艾玛岗岗中谿卡调查时曾经对这里的农耕方式做如下描述：

第二章
生产现代化与经济多样化

在封建农奴制度下,社会生产力长期停留在低水平上,劳动者生产积极性不高,生产工具简陋,铁制农具不多,耕作十分粗放。犁手一般为男子,手扶二牛抬杠拉起的藏式犁具耕地,只能翻起很浅的土层;播种人(一般为妇女)尾随犁手之后用手抓起种子撒在犁过的地沟里。种子深浅不同,有的还撒在土层上,影响庄稼的生长。再如秋后打场,人们将收割的庄稼在场子上赶牦牛踩场脱粒,这种方法损耗大,效率低。[①]

繁重的差税,简单的生产工具,使得劳动者常年处于繁重的劳作之中。以1960年调查组对于艾玛乡夏噶豁卡农奴主代理人平措家庭劳动调查为例:平措家有土地三百克(1克相当于0.7市亩),共有佣人五人和堆穷(堆穷是没有"份地"的农奴,主要靠打短工或租种大差巴户多余的份地生活,他们也向大差巴户支应劳役或缴纳地租)八人。从1月至12月有明确记录的劳动272天,这些无地农民常年被束缚在土地上,几乎没有休息日和闲暇的时间。除了封建农奴制严酷的剥削之外,简陋的生产工具也是劳动效率低下,延长劳动时间的重要原因。

民主改革之后,农民获得了自由,分得了土地,南木林县在全县推广使用新式农牧工具步犁、耙、锄、镰、羊毛剪、

[①] 西藏社会历史调查资料丛刊编辑组编《藏族社会历史调查》(六),西藏人民出版社,1991,第298页。

斧头等，并向当时的农户分发这些农用工具。但是很长一段时间，这种生产工具的运用情况并没有太大改变。直到1969年，南木林县成为日喀则地区试办第一批国营拖拉机站的县，拥有机型主要是东方红75型键轨拖拉机，东方红28型轮式拖拉机，工农11型手扶拖拉机和三种主机配套的耕、耙、播、拖车等农具。1978年，全县提出实现"四个现代化"的奋斗目标，传统农具渐渐退出农业生产，机械化农具逐步兴起。1980年，全县共有手扶拖拉机90台计1016马力，柴油机124台计154马力，电动机41台计23千瓦，农用水泵27台，喷灌机械4套，机动收割机7台，机动脱粒机252台，磨面机1部，榨油机12部，大型拖拉（推土）机6台，饲料粉碎机2部；半机械化农具有：胶轮大车230辆，胶轮手推车1137辆，人力喷雾器311部，各式船只12艘。1981年以来，全县允许农牧民自主经办农业机械，把原社队集体、国营的农业机械实行承包或作价出售，取消了群众购买农业机械的财政补贴，变国家、集体办农业机械为农民自己办农业机械，农民可根据情况有所选择地购买和使用农业机械，农机具经营形式以联营或个体农民经营为主。进入21世纪之后，南木林县生产工具现代化、机械化的发展步伐进一步加快，至2000年底，全县共有手扶拖拉机1108台，四轮拖拉机74台，大型拖拉机（含履带式）11台，收割机39台，播种机1020部，耕地机械239部。

艾玛乡生产工具变化的过程是与整个西藏自治区社会发展同步的。对于艾玛乡的农牧民生产方式产生影响最为重要的农用工具之一便是农用拖拉机的使用。它被广泛地用于耕地、翻地、播种、收割、打场、日常出行、产品交换等，它与农民日常生产生活紧密相关。所以，拖拉机几乎成为农民生产生活的必需品，它的拥有率逐年大幅提高（见表2-2）。

表2-2 艾玛乡1990~2010年拖拉机数量统计

年份	1990	1995	2000	2005	2010
四轮拖拉机（手扶拖拉机）（台）	8	27	194	673	1157

资料来源：1990~2010年艾玛乡生产统计表。

2010年艾玛乡农牧户拖拉机拥有量达到1157台，同年共有1668户家庭，以此计算，拖拉机的家庭拥有率接近70%。除了拖拉机已经成为艾玛乡农户的必需生产工具之外，其他机械化农用工具也在县乡政府的扶持下得到大力发展，截至2010年共有其他农用机械设备237台，如表2-3所示。

表2-3 2010年艾玛乡各种农用机械设备数量统计

工具名称	双排小货车	翻斗车	榨油机	磨面机	炒青稞机	播种机	脱粒机	压面机
合计（台）	27	18	10	13	48	75	40	6

资料来源：2010年艾玛乡生产统计表。

（二）机械化的生产方式

藏族人民在长期的生产实践中积累了丰富的、适合高原

西藏农区民生事业五十年

季节变化的生产方式,并代代相传。传统农业耕作是按照大自然的时节进行的,农业生产遵循着"春耕、夏耘、秋收、冬藏"的耕作规律。

民主改革初期,自治区农牧区生产发展主要靠人力畜力,耕地用土犁、土耙,灌溉用木桶、脸盆,运输用人背畜驮等。加之数不尽的乌拉差,一年四季,农奴们基本没有多少休息时间,都在辛勤的劳作之中。由于工具简陋,技术落后,造成农业生产效率低下,农业产量低而不稳,严重制约着社会经济的发展。民主改革时,全区农业生产水平很低,全区粮食总产量仅为17.86万吨。

1960年,调查组在对拉布豁卡农奴登贞进行访谈时记载,当时有一种乌拉差叫作"叫木都",就是把青稞铺放在场地上,"牵黄牛踩场,要出人三天,十二头黄牛踩场",我们可以一窥当时打场方式的原始和低效率。在耕种土地上,以耕作土豆为例,传统上,一对耕牛每天最多耕2亩土地,同时播种需要2人,施肥需要1人,扶犁需要1人,共4人,用种子650斤。

自20世纪90年代开始推行机械化耕作以来,机械农用设备在艾玛乡逐渐增多,极大地改变了生产效率低的状态。2009年,在农业科技部门的大力支持下,通过补贴政策,全乡引进9套30匹马力的一体化收播机。这9套机械由国家补贴70%,农户自筹30%。为保障群众都能使用机械耕作,乡政府采取"大户所有""无偿服务"的办法,具体指的就是由种植能手出资购买机械,其他群众只需要出油料费用，由种植能手无偿帮助收播。这样一是明确了所有权，并且解决了机械的保养问题。二是为群众带来了实惠，种植能手只需要市价三分之一的价格就能购买一台收播机，其他群众也可以只花费少量的钱就可以使用机械，有效地带动了群众的积极性。

2010年艾玛乡再次引进14台收播机，使机械化耕作面积得到进一步扩大，同时采用测土配方技术的耕作面积也达到3000亩。据测算，采用机械化耕作后，每亩种薯耗费减少150斤左右，种薯品质、株距、行距等标准都有较大提高，使用的人力物力大幅度减少，耕作效率大幅度提高。同时，采用测土配方技术的地块，每亩增产600斤，且土豆个头较大，品质也有所提升。

我们仍然以耕作土豆为例。目前，土豆种植产业为艾玛乡特色支柱产业，并已形成规模化生产。机械化的耕作方式，为艾玛乡土豆种植的标准化、科技化程度进一步提高提供了保障。比如，以往人工播种一天只能播种1～2亩地，需要3～4个劳动力，耗费薯种约650～700斤，而采用机械化播种后只需要2个人力，薯种减少到500斤，一天大约可以播种10亩地。机械化耕作给群众带来了实实在在的实惠，充分调动了群众使用机械作业的积极性，也为艾玛乡以后机播面积的扩大提供了群众基础。

可以说，机械化设备在农田耕作中省时、省力、省生产资料且高效安全的优点极大地提高了群众采用机械化耕作的积极性。但是，因为机械化设备目前还没有达到户户都有，

西藏农区民生事业五十年

所以，收种土豆需要艾玛乡政府进行统一协调安排。为此，艾玛乡于2011年5月成立了土豆种植机械化生产合作社，其重要任务之一便是协调各村农用机械的调配和使用。

总之，半个多世纪以来，西藏自治区为改变农牧区的落后面貌，从指导思想到工作部署，都把农业机械化放到与改造传统农业、发展现代农业和新农村建设同等重要的地位。从改革开放之初到现在，随着土地承包制的实行，国家各项助农政策的实施，农业生产工具有了新的发展。在大力增补旧式农具的同时，政府部门开始大量推广效率高、轻便省力、耕作质量好的各种新式农具。大量新式农具的推广使用，使西藏自治区大部分地区农业生产工具落后的面貌得到改观，初步结束了"听天由命、靠天吃饭"的局面。据自治区统计局统计，2010年西藏拥有农用机械总动力达411.99万千瓦，各种农用机械设备拥有量自2000年到2010年有大幅提高（见表2-4），这为西藏农业现代化的实现奠定了良好的基础。

表2-4 西藏自治区2000~2010年农业机械拥有量

年份	2000	2001	2002	2003	2007	2009	2010
农用大中型拖拉机（台）	2025	2538	3205	5302	9973	15918	22946
小型拖拉机及手扶拖拉机（台）	30999	38318	50598	60524	88321	101293	119621
大中型拖拉机配套农具（部）	1033	2136	2558	2507	3486	6440	8484

续表

年份	2000	2001	2002	2003	2007	2009	2010
小型拖拉机配套农具(部)	11450	10424	11684	15252	21294	27774	37260
柴油机(台)	2608	2853	3596	4675	2529	3626	4313
电动机(台)	1476	1075	1487	2420	1036	1145	2908
农用水泵(台)	627	446	754	786	1015	353	395
联合收割机(台)	129	1694	625	2176	2261	4152	4138
机动脱粒机(台)	6859	8201	13721	13032	21574	25718	27968
农用运输车(辆)	3665	3462	8781	11044	15382	19919	20496

资料来源：《2011年西藏自治区统计年鉴》。

第二节 科技兴农

十一届三中全会以后，西藏自治区在农牧区进行经济体制和科技体制改革，科技兴农普遍推广，传统农业逐渐向现代农业转化。除了在农业生产中采用先进的机械化作业之外，还广泛对农作物种子、农田用肥、除虫除害等农业项目进行科技改良，并对农牧区的农牧民进行相关生产技术的科技知识培训。

（一）科技在农业生产中的应用

20世纪70年代，南木林县在全县开展了以推广良种为中心的三田（试验田、种子田、丰产田）科学种田活动。

1990年，南木林县成立了农业科学研究所，研究开发、繁育良种，至1995年共引进繁育青稞品种3个，春小麦3个，冬小麦2个，油菜2个。

1995年，县建立一级种子田3000亩，二级种子田20001亩，原种田5亩，建立"百田千斤"田5000亩，充分发挥良种优势。

1996年，全县种子精选239万斤，良种推广61500亩（实有耕地约10.6万亩），良种推广率近60%。

2000年，全县开展优良品种的选育、引进、推广工作，提高良种统一供种率、精选率、包衣率，共精选种子540万多斤，包衣130多万斤，冬小麦种子精选和包衣率达100%，良种推广达66292.3亩，推广率接近63%。

截至2000年底，据统计：全县推广面积上万亩的冬小麦品种有藏青320号、喜玛拉11号、喜玛拉19号；油菜推广3000亩的有江孜301号、曲水大粒等品种；春小麦上千亩的有农12号、日农54号等品种。

（二）农业科技知识培训

2000年之后，艾玛乡土豆种植规模不断扩大。伴随对土豆种子改良的是对农田施肥的革新。除了依然用传统的农家肥料之外，也开始施用诸如化肥、尿素、二铵等，同时运用科技手段解决农作物的病虫病害防治。

为了更好地掌握农业科技知识，近些年南木林县政府经常组织科技人员到艾玛乡生产一线进行技术指导，同时在乡政府的组织下开展科技知识的培训。以2007年为例，当年在自治区农牧厅和县农牧局的帮助下先后举办各种培训技术班8期，参加培训的人数累计达240人次。2007年，山巴、夏嘎和拉布村的6700亩马铃薯标准化生产示范项目，被自治区农牧厅列为全区重点农牧业特色产业建设项目，县政府派5名科技人员驻乡培训，参加培训农民达250多人次，为提高马铃薯标准化生产示范项目建设提供了有力的科技支撑。此外，自治区农牧厅和县农牧局还向艾玛乡农牧民赠送了价值近千元藏汉双语的《农业实用技术手册》《教你学技术》等书籍，带动了农牧民学习技术的积极性，使农牧民掌握了多项农业技术，培养了更多的乡土人才，增加了农牧民的收入。目前每个行政村都开设了图书室，收藏了大量和农牧科技知识有关的书籍供农牧民学习。调研期间艾玛乡一位乡干部说："大部分村子有农家书屋，老百姓还是需要这些书，我在山巴村工作的时候，半年里全村700多口人，能读书的不下100多人，他们借的书达到200多本。人们比较喜欢民族文化、人文历史的，也有天文地理。最喜欢一些农业方面的书，比如农业技术、养殖、农药和医疗等方面的书。"[①]

第三节　交通运输的现代化

（一）西藏交通发展概述

改革开放之后，我国把提升交通通行能力作为经济发展的重要支撑，"要想富，先修路"成为各地区经济快速发展

---

① 笔者访谈笔记。

的不二选择。西藏自治区的社会发展也不例外。处于封建农奴制社会形态的西藏经济，由于经济、技术的落后，在交通发展上可谓一穷二白。1951年出版的林溥伦的《和平解放的西藏》中这样描述了当时西藏的交通："到现在为止（1951年），还没有一条通到本国内地的公路，只有一条用兽力运输的'大路'。"不只是通往祖国内地的公路没有，就是在西藏区内的交通也主要是靠人背畜驮，素有"羊肠小道猴子路，云梯溜索独木桥"之称。"在1931年印度向西藏地方政府出售了一辆黄色大（汽）车和一辆蓝色小（轿）车，汽车必须拆成零件，靠人背马驮才运到拉萨，然后再组装"。其中多如牛毛的乌拉差最主要的表现形式就是马差或牲畜差，藏语称作"打凯"。

在江孜，一都岗地（一都岗=40克）一年的人工和畜工主要有：打凯（马差），一年出马匹10次。1951年后有所减少，每次一人一马，用于宗之间的运输骑乘；长站运输，去拉萨、帕里等地，每年约出马匹3次，须39~45天；短站运输，按日计为24天，按次计约30次；……据统计，一个都岗的劳役差额，多者一年要出525个人工，482个畜工；少者也要207个人工，110个畜工。①

同样，在1960年调查组撰写的艾玛岗调查报告中，传递最多的信息是各种数不清的差，而这些差中，又以马差、

---

① 徐平、郑堆：《西藏农民的生活——帕拉村半个世纪的变迁》，中国藏学出版社，2000，第48页。

第二章 生产现代化与经济多样化

驴差等各种和运输相关的差事最为突出，包括运送物资、送取公文信件、接送僧侣贵族、粮物交换等，名目繁多。由于缺乏基本的交通设施，农奴们每一次支差都耗去了他们的大量时间，这些时间有时候正是他们农耕的最好时机。比如拉布豁卡的中等农奴强巴塔杰，他每年有一项外差是到日喀则送信，"共需10日，每人来回3天，合计36天"。类似的差事还有很多，而拉布豁卡到日喀则只有不到40公里的路程。

在这样的交通条件下，农奴们很难有自由的闲暇时间，同时村落的生产、生活空间也极其有限，人们的交往空间和工作空间长期囿于村落内部，也严重阻碍了西藏经济社会的发展，民生保障和改善更是无从谈起。

1951年西藏和平解放后，中央政府便开始了在西藏大力发展交通事业的历程，不断提高交通运输能力。"1954年12月25日，川藏公路和青藏公路同时通车到拉萨，从此结束了西藏没有一条正规公路的历史，改变了西藏长期封闭的状况，为西藏各族人民架起了通往幸福的'金桥'，开辟了西藏交通运输事业的新纪元。……目前，以拉萨为中心，以川藏、青藏、滇藏、新藏和中尼公路为骨干，14条区道、20条县道、157条乡道、12条专用公路和边防公路为基础的西藏公路网雏形已经初步形成"。[①] 1955年10月20日，拉萨至日喀则338公里公路建成通车。20世纪80年代，拉萨至日

---

① 江村罗布主编《辉煌的二十世纪新中国大纪录——西藏卷》，红旗出版社，1999，第225页。

喀则公路进行改线工程,拉萨至曲水段,于1985年作为拉贡线修建成二级公路,铺筑沥青路面。1991年,国家投资,将中尼公路拉萨至日喀则段改建为沥青路面。截至2009年底,全区公路总里程达53634.36公里,比上年底增加2320.42公里。其中,国道5618.20公里,省(区)道6269.11公里,县道11081.12公里,乡道14564.77公里,专用公路2345.92公里,村道13755.24公里,县道、乡道、村道分别比上年底增加513.60公里、979.45公里、827.36公里。2010年,西藏公路通车里程已达58249公里,乡镇通公路率和村通公路率分别达到99.7%和81.2%(见图2-1)。①

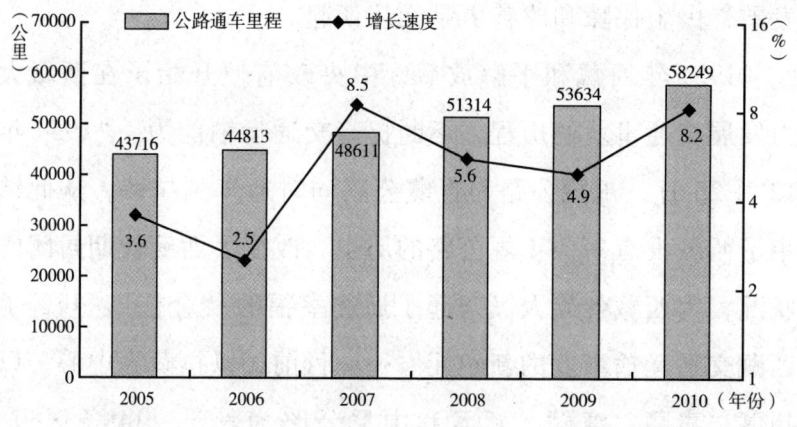

图 2-1　2005～2010 年西藏公路通车里程(公里)及增长速度(%)

资料来源:2005～2010 年西藏统计年鉴。

---

① 西藏自治区交通网,http://www.xzjtt.gov.cn/ArticleList.aspx? c = 200。

（二）艾玛乡的交通发展

1956年以前，南木林县境内没有正规的公路，道路多为羊肠小道和骡、马驿道，道路崎岖，行走困难。艾玛乡运输主要靠人、畜力，人们如需运输物资或修建寺庙、房屋等，全靠人力和畜力，行路山高坡陡，过江、过河只能靠铁索桥和牛皮筏。历史上属于日喀则宗的艾玛岗，前往日喀则的交通也十分困难，往来需要先乘马半日，然后再乘牛皮筏渡雅鲁藏布江才能到达日喀则。1960年调查期间，调查组对大量的乌拉差役进行了统计，其中众多的差役都需要到所居豁卡之外完成。以拉布豁卡中等农奴强巴塔杰一家一年和运输有关的差役为例：每年有一种叫作长途差，就是往日喀则送信，每次来回要3天，这样的差每年合计36天。当遇到涨水期或者洪水泛滥季节，牛皮筏就不能摆渡，差役还得延迟时间。

1959年西藏民主改革以后，随着社会主义建设事业的发展，南木林县人民政府十分重视交通问题，在原有驮道的基础上陆续修建了公路，部分乡村马车、手推车增多，人背畜驮逐渐减少。20世纪80年代之后，艾玛乡不断改善公路状况，不仅对一些交通要道进行公路建设，同时也大力改善艾玛乡村落之间的交通状况（见表2-5）。特别是艾玛渡口，一直是艾玛乡前往日喀则的一道交通屏障。艾玛渡口位于南木林县艾玛乡山巴村以南的雅鲁藏布江江边，是连接南木林县、日喀则市的重要渡口。民主改革以前，农牧民乘坐民间经营的码头木船、牛皮筏等渡河工具由此横渡雅鲁藏布江，安全性能极差。20世纪80年代后，汽车、农用拖拉机等交通工具迅速增加，除田间劳作、场上作业及偏僻山区短距离靠人、畜运输外，长途运输基本不再用人背、畜力驮。20世纪80~90年代，由县政府投资从重庆造船厂引进了小型机动钢船、手摇式钢船，并选派5名工作人员加强渡口管理工作，改善了渡口条件。1990~1995年由地区交通局投资337万元对艾玛渡口进行重新修建，并从东嘎渡口接回柴油动力大型渡船，可一次搭乘3辆大卡车。2001年，日喀则地区艾玛岗雅江大桥破土动工，并于2002年年底竣工。艾玛岗雅江大桥总长695.95米。艾玛大桥的建成，极大地推动了艾玛乡的经济发展，特别是土豆成为艾玛乡的经济支柱产业以来，便利的交通为村民贸易顺利进行奠定了坚实的基础。

近几年，随着国家对农村公路建设步伐的加快，在西藏自治区交通厅和地区交通局的大力支持下，南木林县农村公路建设迅速发展。通过近几年农村公路的建设，境内初步形成了以县城为中心，以203号和304号省道为主，以恰拉公路、南冲公路、南邬公路、山土公路为辅的县域公路网。至2000年底，南木林县境内有3条主干线——县城至日喀则市线、县城至达孜乡线（南邬公路）、县城至土布加乡线，以及两条省道——203号线（南申公路）和304号线（羊麻公路）。

表 2–5　2010 年艾玛乡村落公路里程一览

线路名称	所连乡镇	起点名称	里程（公里）	终点名称
山土公路	艾玛乡、茶尔乡、土布加乡	山巴村	58	土布加乡
南艾公路	南木林镇、卡孜乡、艾玛乡	南木林镇	46	艾玛大桥
孜拉线	艾玛乡	卧夏线路口	1.7	拉遵村
卧夏线	艾玛乡	拖土线岔路口	7.3	夏麦村
由奴线	艾玛乡	由西村	2.3	奴堆村
艾龙线	艾玛乡	艾玛岔路口	3	龙穷村
波阿线	艾玛乡	拖土线岔路口	7.2	阿荣村
艾德线	艾玛乡	艾玛乡	11	德庆村
达夏线	艾玛乡	拖土线交叉口	1.1	达夏村
柳果线	艾玛乡	艾玛大桥北侧	7.1	柳果村

资料来源：2010 年艾玛乡统计资料。

便利的交通，对于艾玛乡村民的日常出行产生了重要影响，生产生活空间得到极大的扩展。82 岁的卓玛央金是原拉布豁卡中等农奴强巴塔杰家的儿媳，对于今天便利的交通给她生活带来的方便性十分满意：

> 以前，我们家还算富裕的，一年里去过一两次日喀则，骑马早点起，晚上可以到日喀则，起得晚的话要在白迅乡休息一晚上才可以到。过去只去过日喀则。现在路好了，这几年去过拉萨、山南、萨迦、江孜，出行比较方便，自己想去哪儿都可以，有自己的车子，没有车也可以坐别的车子。①

---

① 引自 2011 年笔者艾玛乡调研笔记。

西藏农区民生事业五十年

公路网络的逐步完善，不仅方便了农牧区老百姓的出行，也为乡村经济带来活力，极大地推动了城乡的经济交往。

(三) 艾玛乡运输业的繁荣与发展

就西藏而言，运输业的发展，首先要解决的问题是公路状况的改变。所以，一旦公路运输基础设施得到合理解决，蓬勃发展的运输事业就水到渠成，运输经济在艾玛乡农牧民家庭收入中占据了重要的位置（见表2-6）。

表2-6 2005~2010年艾玛乡交通运输收入占纯收入比重

年份	2005	2006	2007	2008	2009	2010
经济纯收入（万元）	2790.19	3473.36	3374.04	4740.65	4431.23	4924.61
交通运输收入（万元）	131.80	214.45	412.97	390.91	316.15	411.64
运输收入所占经济总收入的比重(％)	4.7	6.1	12.2	8.3	7.1	8.4

资料来源：艾玛乡2005~2010年农村收益及生产统计报表。

在整个艾玛乡经济收入中，交通运输收入至2007年达到一个比较高的水平，之后三年略有下降，但比较平稳。笔者调查过程中就交通运输情况调研时，艾玛乡干部认为，2007年以后，艾玛乡开始在全乡开展大面积土豆种植，土豆经济已经成为每家每户的主要经济收入来源，所以以前有一部分从事运输工作的司机，不再专门从事运输业，而主要专注于家乡的土豆经济，运输也变成了副业。但是，也有一部分村民在富裕之后，不再从事传统的运输，而是购买了大型的工程机械，从事工程建设。例如，2010年，拉布村的西洛群培一家有翻斗车2台，装载机1台，拖拉机2台，有了这些机器设备，西洛群培在南木林县附近包揽工程，每年可以给他带来20多万元的纯收入。

西洛群培的致富方式是目前艾玛乡乃至整个西藏农村致富的样板。课题组在入户调查中发现，凡是家里有车的人家，生活大多数都比较富裕，而且在生活方式和家庭用品上也都十分讲究。这些家庭一般都有新式的家用电器，如电冰箱、洗衣机等，有几户家庭还有饮水机，他们足迹遍布西藏区内的各个地方，有的人还到过四川、甘肃、青海等地。总之，西藏自治区交通条件的改善，极大地扩展了村民们原有的生活空间，使他们和外部世界的交往变得更广。

第四节 多种经济发展方式

（一）经济结构变迁

艾玛乡位于南木林县南部高山宽谷地带，除了33户牧民之外，基本上属于纯农区。

民主改革之前，这里农村经济整体发育程度低，产业结构处于自发的调整状态，推进缓慢。其主要特征表现如下。①产业结构单一，农村种养业占绝对优势，社会分工

西藏农区民生事业五十年

简单,商品生产发展滞后;②自给自足的自然经济占主导地位,自古以来,一直到民主改革以后,农牧民从事农牧业生产的目的,是为了自己的生活需要,他们所生产的产品,即使在每年的秋冬季节进行农牧交换,其目的仍然是为了自己的生活需求;③农牧区第二、第三产业基本属于空白。

农作物生产一年一熟,主要以春种作物为主,有春青稞、春小麦、豌豆及土豆等。部分乡村种植有小面积的冬播小麦、芥麦、玉米、燕麦等。以南木林县为例,1964~2000年,基本的生产收入来自于青稞、小麦等粮食作物,而经济作物的种植面积直到 2000 年所占比例仍然较低(见表2-7)。

表2-7 南木林县粮食、经济作物种植情况统计

单位:亩

年 份	总面积	粮食作物	经济作物	占总面积的比例(%)	
				粮食作物	经济作物
1984	105137.8	97536.38	7601.42	92.77	7.273
1985	104991.51	96578.34	8413.17	92	8
1986	105007.8	103642.7	1347.32	98.7	1.3
1989	104896	94993.82	9902.18	90.56	9.44
1990	105744.6	94958.65	10785.43	89.8	10.2
1991	105768.5	96037.80	9730.70	90.8	9.2
1992	105871	96924.9	8946.1	91.55	8.45
1994	105984.4	95068.01	10916.39	89.7	10.3
1995	105871	92955.62	12916.38	87.88	12.12
1996	106055.9	94230.67	11825.23	88.85	11.15

续表

年份	总面积	粮食作物	经济作物	占总面积的比例(%) 粮食	占总面积的比例(%) 经济
1997	106055.9	97910.81	8145.09	92.32	7.68
1998	106185.5	93549.43	12636.07	88.1	11.9
1999	105897.5	96684.42	9213.08	91.3	8.7
2000	105897.5	90372.93	15524.57	85.34	14.66

资料来源：南木林县志办统计资料。

1980年，南木林县根据本县实际情况，实行"以农为主，农、牧、林三结合，因地制宜，全面发展"的方针，在抓粮食生产，提高单位面积产量的同时，重视牧、林、副业生产，以农养牧，以牧促农。在牧区实行"以牧为主，围绕畜牧业生产发展多种经济"的方针。半农半牧区实行"以牧为主、牧农结合，发展多种经济"的方针。同时，贯彻自治区党委《关于农牧区若干经济政策的规定试行草案》，对计划管理的生产指标、农畜产品的购销进行了改革。落实自留地、自留树的政策，鼓励社员发挥专长，多找致富门路，提倡找食吃、不要等食吃，积极从事运输、编织、养殖、鞣皮、饭馆、商店等副业，鼓励各种工匠在乡与乡之间流动，恢复习惯性的交换渠道和交换形式，搞好农牧和粮食交换等，直接推动了农村产业结构的调整。

第四次西藏工作座谈会之后，新的经济发展方式开始在南木林县得到进一步加强，特别是艾玛乡具有的土豆种植优势得到全面发展,2003年艾玛乡的土豆注册了国家商标。自此,土豆种植不管是种植面积还是种植方式以及产量都进入一个高速发展阶段。同时,种植业在强调单产的基础上逐步由传统的种植结构,向粮食、经济、饲料作物三元结构转变;畜牧业适龄母畜比例、总增率、出栏率和商品率明显提高,农村多种经营、乡镇企业得到迅速发展。全乡包括手工业和外出务工的收入方式开始增加,多种经营收入逐年提高。以2006~2010年第一、第二、第三产业的收入比为例,我们可以看到,目前艾玛乡的三次产业基本符合本地现状,协调发展,经济收入开始多样化(见表2-8)。

表2-8 2006~2010年艾玛乡三次产业及其在总收入中所占比例

单位:万元,%

年份	第一产业 产值	比例	第二产业 产值	比例	第三产业 产值	比例	总收入
2006	4282.60	80.91	145.12	2.74	864.94	16.34	5292.66
2007	4209.00	69.98	386.98	6.43	1418.30	23.58	6014.28
2008	4695.20	74.63	507.46	8.07	1088.71	17.3	6291.37
2009	4918.59	74.08	550.50	8.29	1170.03	17.62	6639.12
2010	5526.43	74.71	505.19	6.83	1365.39	18.46	7397.01

资料来源:2006~2010年艾玛乡生产统计表。

由表2-8可知,①自2006年以来,艾玛乡三次产业结构中第一产业仍然占有很大的比重,这一方面说明,艾玛乡仍然是一个以农牧产业为主的依靠农牧经济的传统生产地域；另一方面，由于近些年规模化的土豆种植业发展，已经成为重要的经济来源和发展目标，所以我们从表2-8中也可以看到第一产业产值也在逐年提高。②第二产业在生产总值中所占比例较小，这也和西藏农牧区整个发展理念相一致。特殊性在于因安居工程实施后建房所需石材的增加，艾玛乡这几年的石材加工业发展比较迅速，所以第二产业也有逐年增长的趋势。③第三产业在总产值中的比例始终保持在20%左右的幅度，说明目前艾玛乡以外出从事服务业为主的第三产业收入已经步入一个相对稳定期，要想提高第三产业收入，需要县乡政府根据艾玛乡的实际情况开辟新的第三产业项目，比如旅游业等相关领域的开发。

（二）外出务工——农牧民增收的重要渠道

20世纪80年代，在中国的每一个乡村都涌动着一股躁动的热情，这热情来自对未来美好生活的憧憬。他们或暂时或长期地告别了"日出而作""日落而息"的生活方式，义无反顾地闯入陌生的都市生活中。对于从来就不缺梦想的藏区农民们来说，自20世纪90年代始，这股热情便开始迸发出火花。

由于中央自20世纪50年代便开始在西藏大力发展交通事业，到2000年左右，一个现代化的公路交通网在西藏自治区已经形成。公路网的完善，机动车拥有量的增加，极大地促进了区内交通运输的发展，也开阔了乡村人

西藏农区民生事业五十年

们的眼界。外出的人为依然坚守在乡土上的人树立了改变生活的榜样，走出家门，寻求更好的生活成了村民们的共识。

1980年，西藏自治区实行"放、免、减、保"四字（即放宽政策，尊重队、组、户的自主权；免征农业税收，取消一切形式的派购；减轻农牧民群众的负担；保证必要的供应）方针。1981年又进一步落实在农牧区的经济政策，扩大农牧民的自留地、自留畜。在生产上，从西藏的实际出发，采取特殊政策让农牧民休养生息，发展生产，治穷致富。这些方针政策的实行，对西藏自治区的经济发展产生了巨大的推动作用。1984年召开的中央第二次西藏工作座谈会决定，进一步解放思想，放开手脚，一切从西藏实际出发，充分发挥西藏自身优势，制定符合西藏实际的方针、政策；实行以家庭经营为主，以市场调节为辅的生产经营政策；逐步从封闭式经济转变为开放式经济；在家庭经营责任制上实行"两个长期不变"的政策，即土地归户使用、自主经营长期不变和牲畜归户、私有私养、自主经营长期不变。这些优惠政策的实施，调动了广大农牧民的生产积极性，依靠土地的生产经营和牲畜的养殖便可以维持较好的生活水平。在第二次西藏工作座谈会的推动下，农村经济得到迅速发展，西藏社会经济开始由封闭型向开放型转变。

现代化的交通网络、中央及西藏自治区的经济政策为区内的农民进入城市提供了政策支持，也为后来艾玛乡的农民工离开乡土进城务工的生活拉开了序幕（见表2-9）。

表2-9 艾玛乡2006~2010年外出务工人数及收入统计

年份	农民工务工区域 本县	本地区(跨县)	外地(跨省区)	务工人数合计	收入合计(万元)
2006	613	922	1419	2954	409.95
2007	599	871	1575	3054	669.81
2008	389	1062	1633	3084	548.82
2009	590	1074	1606	3270	683.47
2010	665	1109	1706	3480	822.23

资料来源：艾玛乡2006~2010年生产统计表。

由表2-9可知，其一，从务工区域而言，空间在逐年拓展，有接近50%的村民的务工地域离开了本地区；其二，外出务工人数逐年增加，2010年比2006年增加15%以上，2006年艾玛乡全乡劳动力6075人，也就是说有50%以上的劳动力有时间或长或短地外出务工；其三，从经济收入来看，经过五年的发展，2010年外出务工收入约比2006年增加了一倍还多。2010年艾玛乡总的经济收入为7748万元，外出务工收入约为822万元，务工收入接近总收入的11%。此外，由于外出务工基本是现金收入，这对于相对缺乏现金收入的农牧民来说，外出务工已经成为他们改善生活，提高生活质量的重要手段。

（三）以养殖为主的牧业收入

艾玛乡目前以牧业为主的牧户33户，但是，乡政府为了解决农民生活中必需的酥油和肉食消费，在农区也大力推进"畜牧养殖业",加大短期育肥力度,把牦牛、绵羊等养殖作为增加农牧民群众收入的新渠道。通过提供黄牛改良技术、防疫治病等项目扶持和服务,促进牛、羊畜牧养殖业的较快发展。

首先,乡政府针对一些农牧民贫困户专门展开畜牧业养殖,并成立养殖基地。养殖基地主要以养殖藏猪及藏鸡为主,给每一个贫困户分配藏猪2头、藏鸡50只。并在养殖地为贫困户建设猪舍和鸡舍。养殖方式以放养为主,放养面积有2亩地,周围用铁丝网围住。整个项目以"乡政府所有,效益平均分配"为原则,即上级部门投资,乡政府建设、指导协助并拥有所有权,项目收益由贫困户平均分配。在养殖基地的管理方面由乡政府调配一名养殖经验丰富且责任心强的农牧民负责对养殖基地进行日常指导,由乡兽防疫站及乡兽医对养殖基地进行病害防治,日常管理及饲料等物资供应由贫困户中的党员负责。在所有权及收益分配方面,乡政府享有整个养殖基地的所有权,所饲养的藏猪、藏鸡出售后获得的收益由贫困户平均分配,脱贫后自动失去收益权,由乡政府确定的新进贫困户接替。

同时,为了进一步加快藏鸡规模化养殖的步伐,乡政府以柳果村为藏鸡示范村,要求专业户每户养50只,非专业户养30只,此外要求其他16个行政村每户养20只,积极鼓励藏鸡藏猪养殖,以增加农牧民的收入。在乡政府和村委会的鼓励下,艾玛乡的养殖业一直处于比较顺利的发展形势,收入水平也在逐年增长(见表2-10)。

表 2-10 2008~2010 年艾玛乡主要牧业收入

单位：万斤、万元

年份	牛肉 斤数	牛肉 折价	绵羊肉 斤数	绵羊肉 折价	山羊肉 斤数	山羊肉 折价	猪肉 斤数	猪肉 折价
2008	15	60.43	79	23.8	23	5.77	5.2	18.17
2009	20	81.56	94	28.2	31	7.7	6.6	22.97
2010	28	111.42	82	24.62	29	7.2	3.4	11.99

年份	酥油 斤数	酥油 折价	奶渣 斤数	奶渣 折价	鸡蛋 斤数	鸡蛋 折价	物业总收入
2008	11.7	105.3	5.9	23.4	11.4	34.3	271.17
2009	9.3	83.67	4.7	18.6	11.8	35.3	278
2010	12.6	113.2	6.3	25.3	4	12	305.73

资料来源：2008~2010 年艾玛乡生产统计表。

（四）其他经济收入方式

首先，以石材开发为农村经济新的增长点实现增收。石材开发是艾玛乡农村特色产业的重要组成部分，也是乡党委、政府开展经济工作的重点之一。至 2009 年，全乡石材开发从业人数达到 528 人，由国家扶贫项目支持，采用贴息贷款购买空压机 251 台，产值达 304.9 万元。同时，为进一步扩大销路，加强石材开采加工行业的规范化、规模化建设，在乡党委、政府的帮助和支持下挂牌成立了石材开发专业合作社，并形成了《艾玛乡石材资源开发管理实施方案》等一系列规章制度。这项最具发展潜力的项目，为群众增收效果最为明显。其原因在于，石材开发行业具有利润丰厚、行业门槛低、投资少见效快和发展潜力大的特点。以 420 规格石材为例，2010 年售价为 3.5 元/块，初加工后售价为 5 元/块，除去空

西藏农区民生事业五十年

压机等固定资产折旧以及劳动成本外,每块石材还能保持3元以上的利润。准入门槛低是指具有乡户籍,通过贴息贷款购买空压机后就能参与石材开发。该行业发展潜力较大,主要是因为该类型石材是西藏传统建筑材料,需求量较为稳定,随着经济发展和国家政策补助力度的加大,需求量会有进一步增长。同时,从2006年开始的安居工程建设也为艾玛乡的石材开发提供了契机,推动了这项特色产业的发展。

其次,以"孜东铜器"为突破口,扩大民族手工业生产规模。孜东铜器生产地在艾玛乡孜东雪村,孜东雪村的民族手工业在历史上久负盛名。在旧西藏,该村大部分群众从事铜器加工,曾因参与了修建十三世达赖喇嘛灵塔而出名。现在孜东雪村人继承了传统的铜器加工工艺,并凭借智慧发展壮大了铜器加工业。这个"工匠之乡",现在共有铜匠、画匠、木匠等175人,其中铜匠21人,有铜匠工程师1人,助理工程师1人。今天,孜东雪村所生产制作的铜器产品,工艺精良,造型典雅,深受客户喜爱。目前已经作为产业化经营,项目附加值高,为群众带来较高的经济收益。县乡政府主要采取的是加强行业管理、树立品牌意识,引导产业下游建设。具体来说,一是加强对"铜艺手工业协会"的管理工作,逐步形成符合现代化行业运作的行规,以保持铜器加工行业的可持续发展。二是强化品牌意识。因为"孜东铜器"加工具有专业技术性和浓厚文化底蕴的特点,无法在短期内进行复制传播,因此必须教育从业者只有树立"孜东铜器"的强势品牌,保持良好品牌形象,才能最终形成市场定价权。三是积极引导下游产业建设。主要是通过从业者的传授，吸引群众加入铜器加工行业中来，从事日常生活用品的制作。这样做的好处是可以进一步扩大品牌影响力，并可以带动更多群众致富。目前"铜艺手工业协会"有会员40多人，年订单100多份，2010年人均收入1万多元。目前，以"孜东铜器"为代表的民族手工业是艾玛乡近年来最具有民族特色和发展潜力的产业之一。

最后，以劳务输出为群众增收的新渠道。劳务输出是艾玛乡经济发展的优势之一，2009年以拉日铁路、和平机场等项目开工为契机，输出劳动力，引导更多农牧民从事第三产业，不断提高劳动技能，拓展农牧民增收的渠道。同时，利用大面积种植土豆和机械化作业形成的农牧生产空当期，南木林县和艾玛乡政府还有计划地组织剩余劳动力赴区内各个地区务工，近几年的安居工程建设为乡民提供了大量的务工机会，包括基础建设、绘画装饰和木工等。乡政府还在南木林县政府的帮助下对农民进行多种职业培训，提高本乡农牧民外出就业的机会和竞争力。以2008年为例，当年外出务工人数达3084人（包括359名技术实用人才）。实用人才和外出务工人数分别占当年总人口的3.6%和31%（见表2-11）。乡政府对各种劳务输出高度重视，使得艾玛乡这些年劳务输出量逐渐增加，多种经营收入也逐年提高，从2007年的总收入1776.68万元增长到2010年的2223.01万元，净增长446.34万元，增长幅度为25.1%（见表2-12）。

表2-11 艾玛乡技术实用人才现状调查

行政村名	总人数	建筑施工类 木匠	石匠	画匠	其他	商品经营类 商人	餐饮老板	厨师	驾驶员	其他	民族手工类 金银加工	编织	陶器加工	裁缝	农牧技术类 蔬菜技术员	花卉技术员	土医生	土兽医	其他
达夏	43	5	3	18	1	6		1		2	1		6						
雪奴	25	2	2	4	3		1	2		6	4						1		
堆奴	24	1	3	5	3			3			1		8						
由西	45	8	4	15	3			2		2	10					1			
夏麦	20	3	4	4	2					2	4					1			
罗布尊	19	0	10	7	1			1											
龙琼	15	3	7	2	1								1						
恰热	20	3	3	3	3		1	4			3								
吉雄	19	8	3	2	2			4											
德	11	2	6	2									1						
阿荣	6	1	1	2							1								
拉布	18	2	3		2			11			1		2						
德庆	12	5			2			4											
夏嘎	27	8	6		7			3			3		1						
山巴	31	7	6		2			9											
柳果	13		6	1	2						3						1		
松东	11		3	1	2						5						1		
合计	359	58	71	70	36	7	1	44	0	12	36	0	19	0	0	2	3	0

资料来源：2010年艾玛乡生产统计表。

第二章 生产现代化与经济多样化

表 2-12 艾玛乡 2007~2010 年多种经营总收入一览

单位：元

年份	多经收入	工业收入 小计	工业收入 织氆氇业收入	工业收入 粮食工业收入	工业收入 民族手工业收入	服务业收入 小计	服务业收入 民工收入	服务业收入 营业收入	服务业收入 劳务输出	服务业收入 运输收入
2006	9962021	1451173	213421	973686	264066	6792900	4099510	548860	0	2144530
2007	17766800	179893	44201	5800	129892	146510	127590	8420		10500
2008	4159200	2523600	790080	706800	1026720	1627500	675600	466500		485400
2009	20378622.4	5505000.4	1766337.6	1216870	2521792.8	11700276	6834680	1615326	88800	3161470
2010	22230116	5051948	1325556	1286370	2440022	13653918	8222338	1315150	0	4116430

年份	多经收入	其他收入 小计	其他收入 柴火费	其他收入 其他费	其他收入 石采收入
2006	9962021	1717948	37220	0	1680728
2007	17766800	5500	5500	5600	
2008	4159200	8100	2500	109300	3048796
2009	20378622.4	3173346	15250	55150	3436300
2010	22230116	3524250	32800		

资料来源：艾玛乡 2007~2010 年生产统计表。

93

第五节 小结

　　自 1951 年西藏和平解放，特别是 1959 年民主改革以来，首先是农业经济制度发生了根本性的改变，昔日广大农奴和奴隶成为今日建设西藏社会的主人，生产力获得解放，经济社会持续向好的方向发展；其次，由于中央政府的大力支持，现代化农耕方式在西藏农区普遍开展，为西藏经济的快速发展和现代化进程增加了推动力；再次，特别是第四次西藏工作座谈会以来，西藏的经济发展有了明显的进步，科技兴农以及多种经营和商业发展使得西藏农牧区的经济发展加速，农牧民收入持续提高；最后，在西藏自治区大力发展特色产业的政策引导下，西藏农牧区着力拓宽农牧民的致富渠道。例如艾玛乡的土豆种植、石材开发、手工业生产等各种增收方式都得到了各级政府的资金支持和技术帮助。

　　此外，根据调研情况来看，艾玛乡的手工业发展虽然已经在家庭致富方面发挥了一定的作用，但是仍存在较大潜力，需要各级政府采取适当措施提高发展速度和水平。目前存在的主要问题是：①手工业不能规模化生产，形不成规模产业，无法带动区域致富；②由于标准化水平不高，工匠水平参差不齐，产品也出现良莠不齐现象；③小规模生产方式在产品样式、工艺、产量、销售渠道等各方面都缺乏竞争力；④家族式传承手工业技术通常会面临传统技艺消失的问题。

除了以上问题之外，调研中基层干部反映，手工业产品不能规模化生产的一个重要原因是技术持有者为了保护技术的独有性，不想让更多的人学到技术，而是希望实现家族传承。这也是我们在西藏长期调研中发现的一个普遍问题，我们认为，解决这个问题比较可行的方式是国家或者自治区政府可以采用买断技术产权的方式。通过购买技术产权政府可以实现规模化生产，增强产品的竞争力，拉动就业，实现区域致富。而技术拥有者也可以在转让技术之后仍然作为技术指导实现自己的价值。这样既能实现保护传统手工技术，也能达到区域生产者共同获益，实现致富的目的。

　　总之，结合西藏各地的实际情况，手工业生产将是西藏自治区农牧民重要的增收方式。政府要更加重视当地手工业的发展，从政策、资金等多方面给予更多支持，培育手工业市场规模，引导更多的人加入手工业生产中来，最终实现农牧民增收致富。

第三章　日常生活方式五十年变迁

　　日常生活方式在很大程度上是由一个人的社会阶层决定的。传统上，西藏农民基本上过着"日出而作""日落而息"的生活，对于那些整日劳作的农民而言，其生产、生活的空间就是从住宅到耕种的土地这一狭小的范围内。西藏森严的等级制度把生活在这片土地上的人们严格地按照身份等级划分，并让这种等级制度具有合法的继承性，生活在上层的贵族世代享受荣华富贵，而那些处于农奴阶层的人们则大多数处于衣不蔽体、食不果腹、居无定所的状况。1960年，调查组对生活在艾玛岗各豁卡的农牧民的日常生活进行的调查，可以让我们一窥当时农奴主与农奴的日常生活的巨大差异。本节主要以50年来艾玛岗农牧民的饮食、居住和以电视为代表的现代娱乐方式与藏传佛教信仰为主的传统宗教信仰方式为调查内容进行比较研究，追述50年来日常生活变迁的特点和进程。

第三章
日常生活方式五十年变迁

第一节 民以食为天

（一）饿大的农奴

在 1960 年关于艾玛岗的社会调查中，关于农牧民的日常饮食虽然只占很少一部分，但是我们从中仍然可以看到当时大部分处于生活底层的农奴们食不果腹的生存状态。例如对于哈布豁卡农奴哈巴仓木决的调查：

> 一天三顿饭，三顿饭从来没有一点酥油。早餐是豌豆糌粑稀饭，但糌粑很少，只是用手巴掌指缝中漏下去的少许豆面，喝一点有些羌味（青稞酒的味道）的水。中午喝较稀的稀饭，茶杯大小的木碗也只是二三碗，根本吃不饱。哈巴仓木决说：吃不饱、饿不死，就是一天的生活……晚上的一顿饭，虽然吃不饱，睡着了，也就不知道什么了。她说白天劳动或者放羊期间，由于吃不饱，由于天寒地冷，是囊生最痛苦的时刻。过年时能得到一点肉，也是死羊肉，发霉发臭的肉，就是这种肉，也不能自己动手，必须由主人用盘子均匀地分给囊（朗）生。[①]

---

① 《藏族社会历史调查》（六），西藏人民出版社，1991，第 305 页。

西藏农区民生事业五十年

正如调查报告所言,哈巴仓木决一天的食宿,也就是一年、十年的囊(朗)生生活的缩影。原岗中豁卡农奴堂拉一家在岗中豁卡属于中等农奴,他们的生活状况同样清贫:

> 堂拉一家的生产、生活水平在岗中豁卡属于中上等,收支基本平衡,年景好的时候略有结余,一年用于生产投资和生活费用折合青稞522克(1克=28市斤)。他家能喝上青稞酒,吃上青稞糌粑和羊肉,还能添置一顶藏帽。农闲时请裁缝到家里缝制几天新衣。①

堂拉家当时有9口人,按照调查数据,全部生产投资和生活所需折合青稞是522克,相当于今天14616斤。当时堂拉家耕地149克(合104亩左右),按照传统上70%种青稞,每亩需要种子按50斤计算,共需青稞种子5000多斤,剩余青稞不到1万斤。按照每人每天3斤青稞作为口粮,全家每天需要青稞是27斤,一年是9855斤,可见当时堂拉一家的粮食刚刚满足温饱,并不富裕。作为中等农奴的堂拉一家口粮尚且如此紧张,我们可以推想,那些处于底层比堂拉家更加贫苦的农奴经常忍饥挨饿就不足为奇了。这种状况被研究者生动地描述为"饿大的朗生"(徐平,2000),这种现象在艾玛岗社会生活中相当普遍。2011年,当我们对堂拉的儿子嘉央(男,67岁)进行回访调查的时候,这位封建农奴制社

---

① 《藏族社会历史调查》(六),西藏人民出版社,1991,第299页。

98

会的亲历者对于当时生活的困窘状态依然记忆犹新：

> 当时家里有9口人，生活条件不算太差的，也不算好的。当时实际上吃得几乎都没有肉，有时候只有在土巴（面条）里面加一点，白面和大米都没见过，糌粑吃饱就算好的了。①

正如1960年调查组所描述的那样，大部分农奴处于一种："食不果腹、衣不蔽体的贫困日子。"因此，面对当时农奴主严酷的剥削和极度贫困的生活，大部分农奴开始逃亡。艾玛岗原康萨豁卡在1930年左右有差巴4户，堆穷8户。在三四年的时间里，因为残酷的剥削和自然灾害，无法生存的农奴们开始逃亡。"康萨豁卡这个贫困的小村，原有的12户人家只剩下1户，原有的68人，逃走了52人"。而那些逃出康萨豁卡的人，面对的仍然是整个西藏封建农奴制的社会体系，他们离开艾玛岗之后的生活依然如故地受着农奴主的剥削，很多人逃亡的结果是流落为乞丐，要么就是死亡。岗中豁卡的底层农奴格桑的情况在当时颇具代表性，调查组如是描述：

> 岗中豁卡像格桑家的情况占大多数，真是家无隔夜粮，吃了上顿没下顿。人们年轻时还能给人家打短工，

---

① 笔者调研笔记。

挣上一升半斗,一旦上了年纪,只得到处乞讨,沦为乞丐,造成这种情况的主要是西藏农奴社会的统治所致。①

(二) 从贫穷到致富的 50 年

1959 年 3 月,原西藏噶厦政府和上层集团发动了全面武装叛乱。中央政府在平息叛乱之后开始在广大农牧区实施民主改革。1959 年 8 月南木林县开展了农区以"三反双减"(反叛乱、反乌拉、反奴役和减租、减息),牧区以"三反两利"(牧工、牧主两利)和寺庙以"三反三算"(反对叛乱、反对封建特权、反对剥削,算政治迫害账、算等级压迫账、算经济剥削账)为主要内容的民主改革运动。国家通过对进步上层贵族的土地、牲畜、草场和生产工具实行赎买政策,对顽固、反动的噶厦政府和寺庙、领主所有的生产资料全部没收,制定了土地分配政策。民主改革的顺利完成,标志着封建农奴制度被彻底摧毁,农牧民个体所有制得以确立,广大农奴彻底摆脱了"三大领主"的统治,成了新社会的主人,土地得到了统一分配,实现了"耕者有其田,牧者有其畜",开辟了劳动人民当家做主的新纪元。原哈布豁卡朗生哈巴仓木决一家也分到了相应的生产和生活资料:

---

① 《藏族社会历史调查》(六),西藏人民出版社,1991,第 300 页。

第三章
日常生活方式五十年变迁

八克（亩）土地，一头母牛，二分之一耕牛、五只羊、一间很好的房子、二把锹、二把锄、一个犁铧、一把刀。另外得到二十克青稞的工资、一口箱子、一整套家具和一套从头到脚包括内衣的服装，开始了做一个主人翁的幸福自由的生活。①

土地改革的实施，获得了人身自由和生产生活资料的广大农牧民首先有了栖身之所以及生存的饮食；其次他们获得了必要的生产资料。昔日的农奴已经成为他们自己的主人，开始为了改变自己的生活而劳动，而不再是为了领主。堂拉在民主改革后说："我家原有的耕地未动。我要感谢共产党把三大领主强加给我们的人身依附废除了，把多如牛毛的乌拉差役废除了。"②

土改促使生产力解放，广大农奴生产积极性空前高涨，同时党和政府制定各项优惠政策，大力扶持农业生产，改良生产工具，垦荒造田，兴修水利，农业科学技术得到了初步应用，农牧业呈现出一派欣欣向荣的景象。

1960年初，南木林县全县开展互助合作运动。互助组成员们共同劳动，坚持自愿、互利，努力推动生产的发展。1964年，全县有互助组762个，广大农牧民群众的生产积极性得到了充分的发挥，生产条件逐步改善。

---

① 《藏族社会历史调查》（六），西藏人民出版社，1991，第305页。
② 《藏族社会历史调查》（六），西藏人民出版社，1991，第305页。

西藏农区民生事业五十年

经过50年的发展,昔日的农奴们早就能够当家做主。他们不仅能够借助村民自治委员会行使自己的政治权利,同时在经济生活上也完全自主,独立经营。截至2010年全乡总耕地面积为22520亩,平均每户自有土地13.5亩,多种经营收入2223万元;乡镇企业收入344万元。艾玛乡的经济发展,使人均年纯收入达到4791.41元。这与全国农民人均纯收入5800元虽有一定差距,但是对于西藏的经济基础和环境条件而言,这个发展速度已经相当惊人了。有的经济发展好的村落已经超过了全国的平均水平,比如德庆村2010年的人均年纯收入达到6499.89元,且收入水平仍然在逐年快速提高,处于中等收入水平的村落(例如山巴村)收入提高的幅度也很大(见表3-1)。

表3-1 艾玛乡山巴村经济收入统计

单位:元

年份 项目	2005	2006	2007	2008
人均现金收入	689	1098	1634	2596
人均收入	1940	2397	3521	4328

资料来源:艾玛乡2005~2008年生产统计表。

表3-1显示,2005~2008年四年间,山巴村现金收入逐年提高幅度在60%以上,2008年比2005年翻了近4倍;人均收入经过三年发展也翻了2.2倍多。

近些年,艾玛乡农业和农村经济稳步发展,以土豆种植

102

产业为主导，带动农村经济快速发展，已形成"五大特色"的经济发展格局，其中五大特色是"艾玛土豆"、"艾玛石材开发"、"劳务输出"、"孜东铜器加工"和"畜牧养殖业"，随着特色产业的逐步发展，艾玛乡农牧民经济水平会有更大提高，个体农牧民的生活质量也将迈上新台阶。我们以拉布村强巴旺堆一家2009年的生活为例来看艾玛乡农牧民的收入情况。

个案一

强巴旺堆（男，48岁）一家14口人，现有耕地37亩，租赁耕地15亩，共52亩，其中土豆种植面积33亩，预计每亩单产6150斤，提留30%自食、留种及费用，按最低季节市场价每斤0.80元计算，能为旺堆一家带来经济收入113652元（2009年之后，价格好的时候每斤可以卖到1.2元甚至2元）。青稞种植面积15亩，产量10200斤，按市场价每斤1.1元计算，预计带来经济收入11220元。种植小麦4亩。家中饲养牲畜161头（只），其中大畜11头，小畜150头（只）。为进一步增加收入，旺堆还购买了两辆卡车，年运输收入达17万元。旺堆一家除去生产投资，每年年收入20多万元。[①]

虽然强巴旺堆这样的家庭在艾玛乡并不是一种普遍现象，但是在调研中我们也发现类似这样收入水平的家庭也不

---

① 笔者调研笔记。

少，而且有的家庭收入水平还要更高。特别是近些年运输业的发展大大提高了人们的生活水平。

（三）饮食结构的变化

生活水平的提高，使得艾玛乡的人们不再担心温饱问题，而是要求更有营养和更现代的饮食方式。交通运输的发展和外出务工农牧民的增加，扩展了艾玛乡人的地缘空间，给村民与外界交流提供了机会；经济收入水平的提高，为他们接触外界生活提供了物质保障。这种共同的作用力促进了现代生活方式和思想观念在乡村的转变，这在饮食结构上有比较明显的变化。

1. 传统饮食

藏族主要生活在海拔2500～4500米的高原地带，缺氧、高寒、干燥的气候地理特征决定了当地农作物和畜禽品种的单一性，人们只能在有限的食物品种中进行选择。因此适宜高原气候条件生长的青稞、冬小麦、萝卜、土豆、豌豆等粮食蔬菜，牦牛、藏绵羊等肉类以及奶制品便构成了青藏高原藏族传统食品的主要部分。历史上西藏受高山大川阻隔，交通不便，运输物资要靠人背畜驮，与内地和周边国家贸易往来交流也极为不便，人们的食物来源主要依赖本地出产的农作物和畜禽产品。藏传佛教允许僧侣食肉（其他佛教僧尼是不容许食肉的）也反映出受地理环境的限制，能够提供给人们选择的食品稀少这一事实。日本著名社会人类学家中根千枝指出："藏族的生活方式与文化在很大程度上反映了

第三章
日常生活方式五十年变迁

高原生活的特征。大部分人口从事畜牧业,一部分人口在河谷地带从事规模有限的农业。他们主要的食品是糌粑、肉和自制的奶酪。这种食品和藏语成为散居在整个地区的藏族人口的共同特征。"① 加之社会生产力极其落后,所以大部分生活在农区的村民在饮食上都非常清苦、单调。

1960年调查组对艾玛乡部分农奴的饮食描述如下:

>当地农奴多种青稞和小麦、油菜、豌豆、土豆、萝卜等农作物。而农奴们吃的却是豌豆糌粑和稀"土巴"(用土豆、萝卜加少量面粉做的稀粥);堂拉一家的生产、生活水平在岗中豁卡属于上中等,他家能喝上青稞酒,吃上青稞糌粑和羊肉;拉布豁卡贫苦农奴登贞家庭饮食包括:糌粑、青稞酒、酥油;岗中豁卡贫苦农奴达瓦次仁家的饮食包括:糌粑、清油、萝卜、土豆、奶渣……②

在大量的家庭饮食记录中,基本只有糌粑、土豆、豌豆、少量酥油和清油以及一年中为数极少的羊肉,这基本包含了当时艾玛乡普通人家一年四季的饮食内容。在我们的调查中,原岗中豁卡的农奴宗琼(女,77岁)老人说:

---

① 〔日〕中根千枝:《作为藏族邻居的汉族与印度人的比较研究》,载马戎、周星主编《二十一世纪:文化自觉与跨文化对话》(一),北京大学出版社,2001,第397页。
② 《藏族社会历史调查》(六),西藏人民出版社,1991,第298页。

过去吃的都是糌粑,喝清茶,没有大米和白面。有一点点土豆。只有过新年的时候才有一点点肉。①

饮食结构的单一,一方面是因为物资匮乏和几乎不存在多样化的商品交换;另一方面,独特而严酷的高原自然环境使居住在这里的藏族人在长期的自然和文化的选择过程中,形成了具有民族文化特征的饮食习俗。糌粑和酥油茶是藏族人最具有代表性的传统的日常食物。糌粑是青稞炒熟之后磨成的面粉,常见的糌粑食法是,在小碗中放入适量的酥油茶,加入糌粑,然后用左手托住碗底,右手大拇指紧扣碗边,其余四指和掌心扣压碗中的糌粑面,自左至右使小碗在左手掌上不停地旋转,边转边拌,直至捏成小团。进食时仍需以酥油茶或清茶相佐。还有一种食法是用酥油茶把糌粑直接冲成糊状,可加细奶渣、白糖等,较多见于早餐。糌粑是一种易于保存、方便携带、食用便捷的食物。不管在什么地方,只要有水就可以随时冲调。

酥油茶同样也是藏族家庭每日不可或缺的饮品。传统上,其做法是将砖茶在水中煮沸后,倒入特制的酥油茶桶之中。酥油茶桶通常由木板箍制或原木挖空后制成,内有木制活塞,塞上有孔,一般高1米,口径15厘米左右,木活塞高于茶桶。在茶桶中加入盐、酥油,然后用木活塞捣冲搅拌均匀,再倒入锅、壶之内煮沸后即可饮用。

---

① 笔者调研笔记。

2. 现代农村饮食

目前艾玛乡的饮食内容，从理论上讲可以买得到各种和内地一样的食物，但是由于饮食习惯，村民的饮食有以下几类：主食是糌粑、白面制品、大米。蔬菜包括土豆、白菜、青辣椒、青笋、圆白菜等，其中土豆的地位几乎等同于主食，很多家庭会把土豆煮熟，配以一种绿色的本地产的香料和盐混合的辅料，和糌粑一起吃。肉类主要有牛羊肉、猪肉、鸡肉。饮品主要有传统的青稞酒、酥油茶、甜茶、清茶、牛奶；外来饮品有啤酒、白酒、各种软饮料，基本和内地没有区别。但是，根据笔者在西藏多个乡村的调查，对于大多数年轻村民来说，糌粑已经不再是他们的主食。笔者2009年在拉萨、山南和日喀则地区就饮食偏好对在校小学生进行调查，调查结果显示，至少90%的孩子选择了馒头和米饭，而不是传统饮食中占主要地位的糌粑。

除了主食上的变化，在副食上，有些村民中餐也可以做两个菜吃，但是大多数的村民吃菜基本是自种蔬菜，很少买菜吃。主要原因一是饮食习惯，经常吃菜的人本就不多；二是近两年菜价仍然比较高，尽管生活相比过去好得多，一般老百姓日常生活还是不舍得花钱买菜吃。拉布村的村民西洛群培（男，46）说：

> 我们家每天早晨吃糌粑，中午是米饭和炒菜，晚上通常是面条，面条里面有萝卜、白菜、土豆等蔬菜。夏天一些像白菜的常见菜自家种，能吃上，冬天从县上

（南木林县）和日喀则买，方便还是方便，但是菜价比较高，村里一般人家买菜的比较少见。①

西洛群培家在艾玛乡拉布村，家庭16口人，劳动力7人，有一位国家干部，年纯收入约20万元。在拉布村属于最富裕家庭之一，所以，日常生活中的饮食除了西藏传统的糌粑之外，基本上和城市在饮食结构上区别不大。

在饮品上，酥油茶每日必不可少，其次是清茶。甜茶在普通人家相对比较少。在所有传统饮品中，受冲击最大的是青稞酒，因为大部分年轻人和生活条件比较好的人家开始把啤酒作为主要的待客和节日饮品。

在艾玛乡各村调研期间，我们发现从年龄结构看，饮用青稞酒的主要是中老年人，特别是女性。青稞酒的做法是，先将青稞洗净煮熟，待温度稍降，便加上酒曲，用陶罐或木桶装好封闭，使其发酵。两三天后，加入清水，盖上盖子，隔一两天便成青稞酒了。青稞酒色淡味酸甜，酒精含量约15~20度。每次需要青稞大约10斤，那些喝青稞酒比较多的人家一般每三四天就做一次。但是这些年，由于艾玛乡大力发展土豆种植，青稞种植面积在逐年减少，所以人们酿造青稞酒也比较节制，乡干部和我们说：因为这个原因，目前老百姓青稞酒喝得不像过去那么多，但是啤酒的消费越来越多，特别是一些青年人和经常外出务工的人，因为他们手里

---

① 笔者调研笔记。

有现金。

　　除了啤酒，很多年轻人喜欢喝可口可乐。我们在调研中，如果家中有青年人，陪我们调研的乡干部就建议我们买些可口可乐去，以方便和青年人沟通。当我们到一些村委会去的时候，村委会干部也喜欢准备啤酒或者可口可乐作为招待。

　　此外，啤酒在艾玛岗也成为村民社交礼仪的一部分。特别是在一些节日庆祝的时候，啤酒和一些软饮料已经成为必不可少的饮品。

　　今天生活在艾玛乡的农牧民一年四季的饮食虽然在花样上大部分延续了传统，但是对于昔日的那些农奴来说，他们忍饥挨饿的生活已经成为历史。如今，不仅日常生活中的糌粑、大米和白面完全满足了人们的日常生活，而且在传统上几乎少见的蔬菜目前对于大部分村民而言也不再稀缺，且每家每户常年都可以吃上新鲜肉或者风干肉。特别是储存方便，营养丰富的风干肉，由于其串挂在低温多风的地方阴干，肉质鲜红，存放期长，不易腐烂霉变，成为村民一年四季的必要食品。总之，由于经济收入的增加、交通的便利，如今农牧民的食物品种比较丰富，营养结构更趋合理。

第二节　家庭房屋空间的变迁

　　藏族的家庭房屋通常被称作"碉房"。碉房是中国西南部的青藏高原以及内蒙古部分地区常见的居住建筑形式。这是一种用乱石垒砌或土筑的房屋，高一般二层至四层。因外观很像碉堡，故称为碉房。藏族民居的墙体下厚上薄，外形下大上小，建筑平面都较为简洁，一般多方形平面，也有曲尺形的平面。因青藏高原山势起伏，建筑占地过大将会增加施工上的困难，因此发展为多层的建筑结构，增加了居住空间。碉房在一个大的地域空间成为藏文化最直观的特征之一，也是研究西藏社会生活的一个重要内容。这种物理建构不仅反映了人与环境之间的适应关系和生活在这里的人们的聪明才智，而且还承载着藏族数千年的文化印记。千百年来，作为一种文化载体始终在随着社会不断地发展变化而变化，在变化中适应着时代的需要和传承着民族文化。

直到1959年民主改革前，西藏依然处在封建农奴制社会形态，生产力水平相对落后。这种长期落后的生产力状况，对整个西藏房屋建筑所需要的物质材料有着重要的影响，导致其房屋建构在长时间内无论是物质材料还是形制特点都没有明显的变化。1959年西藏广大的农牧区实行了民主改革，之后，每一次来自中央政府的政策措施，都使得西藏的经济、社会和文化习惯等方面发生不同程度的变化，这些变化也深刻地影响着民居的空间和空间内的物件摆设以及居住关系等。西藏实行改革开放后，这方面的变化更快。2006年以来，西藏自治区坚持以"政府主导、民办公助、分级负责、奖补结合"的原则，在广大的农牧区实施安居工程建设。这项重大的政策措施对西藏农区的房屋建设产生了革命性的影响，极大地改善了农牧民的居住条件，而同时进行的沼气、饮水等配套工程使得农牧民的人居环境整体实现跨越，是西藏自治区关注民生的重要举措。本部分拟以改革开放之前、改革开放至安居工程前和安居工程后三个不同的时期艾玛乡民居建设为线索，对农牧民居住环境的变化进行比较研究。

（一）民主改革前后房屋的建构

由于生产力水平和地理环境因素的影响，传统上，卫藏地区的房屋建构方式，数百年来变化不大。

从一些史料看，卫藏地区的民居房屋基本外形同一千多年以前的房屋没有多大变化。在《新唐书·吐蕃传》中说："屋皆平顶，高至数丈。"《旧唐书·吐蕃传》中说："屋皆平头，高至数十尺"，清代史籍《西藏志》亦称："房屋皆平顶，砌石为之，上覆以土石，名曰碉房。有二三层至六七层者。凡稍大房屋，中堂必雕刻彩画，装饰堂外，壁上必绘一寿星图像。凡乡居之民，多傍山坡而住。"由此看来从唐至清，从清到现在西藏的民居房屋总体上外形没有很大变化。①

在艾玛乡，农区房屋形式为平顶立体，采用石块或土坯砌墙，一般情况下从墙体根基往上一米左右为石块，然

---

① 徐平、郑堆：《西藏农民的生活》，中国藏学出版社，2000，第239页。

后再以土坯砌成剩余部分。旧式房屋墙体厚实,窗口狭窄低矮,一般长宽60厘米左右,屋门同样狭窄矮小,高一般160厘米,宽80厘米,成年人通常需要弯腰进门。每间屋子的中央会有一根立柱,藏语称作"嘎"①,这个称谓通常也表示这间屋子的面积。屋顶以粗细合适的圆木或"下江木"为椽,再重排一层树枝,树枝上面铺垫一层碎石子。然后再在碎石子上面以阿嘎土铺垫,人工夯实土层。

这一时期的房屋除了一些较富裕的领主或者领主代理人会修建二层或三层房屋之外,对于一般处于农奴阶层的农牧民,大部分修建的是一层房屋。房屋数量上,按照1960年调查组对部分农户房屋数量调查的统计数据如表3-2所示。

表3-2 1960年艾玛乡部分人家的房屋情况

户 主	人 口	阶 层	房间数量	所属豁卡
柳洛扎西	4	贫苦农奴	15	咱尼豁卡
索纳才仁	9	中等农奴	25	扎康豁卡
玉加	20	富裕农奴	12	夏噶豁卡
齐美才旺	98	农奴主代理人	90	夏噶豁卡
平措	27	农奴主代理人	91	夏噶豁卡

资料来源:《藏族社会历史调查》(六),西藏人民出版社,1991。

---

① 卫藏农区大部分房屋中间一般会有一根立柱,过去房屋面积以一柱为单位,一柱约等于现在的12~16平方米,一间房子通常是一柱。村民现在已经基本不用柱这个单位,特别是安居工程实施后,政府需要精确的计算房屋面积,在住房面积的申请和批复中都用平方米计算,所以现在村民计算房屋面积多用平方米。本文在介绍安居房的时候将以平方米为单位。

第三章
日常生活方式五十年变迁

如果单从房屋数量来看,作为农奴阶层的柳洛扎西和索纳才仁似乎房屋居住比较宽裕,而农奴主代理人齐美才旺和平措称得上阔绰。事实上,按照当时的阶级分层,处于这个阶层的农奴除了自有土地之外,还有牲畜以及农具等生产资料,在农忙季节还有能力雇用短工。而其中一部分房屋就是给当时的囊生(亦称朗生)居住的,房屋的质量都极其简陋。例如富裕农奴玉加,尽管有 12 间房屋,但是他家还包括堆穷一户和佣人三户,人口共计 20 人。索纳才仁的居住状况比较特殊,该户是"扎康豀卡中较富的一家堆穷,家中有两人参加革命工作……索纳才仁这户虽是中等农奴,在这次民改运动中还是获益的户"。[①] 而农奴主代理人平措家的 91 间房屋中,上等的仅有 7 间,供主人居住,而中下等的则有 84 间,都是供最底层的农奴们居住的,条件极其简陋。

正如原扎康豀卡农奴堆吉旺堆的儿子次仁诺布(67 岁)所言:"那时候大家都挤在一起,没有床,都是一些草垫子。"

民主改革之后,大部分没有土地和生产资料的农奴都分到了相应的土地和生产工具,同时对于那些没有居所的农奴,政府也采用赎买或者没收农奴主房屋的方式为他们解决了住房。但是这一时期的住房一直到改革开放初期,在建筑材料、形制等各方面都没有太大改变。大部分房屋极为简

---

① 《藏族社会历史调查》(六),西藏人民出版社,1991,第 323 页。

113

西藏农区民生事业五十年

陋,屋内空间狭小,门窗矮小屋内阴暗。当时的民居人畜通常共用一个门道。建筑材料一般是土坯墙体,门窗为木质,椽子和横梁所用木材外形粗糙,体形纤细。屋内地面为普通土质,高低不平。

(二) 改革开放至安居工程实施前房屋建构

从 1984 年中央第二次西藏工作座谈会召开至安居工程实施前的房屋建设阶段,西藏的经济飞速发展。特别是 1994 年中央第三次西藏工作会议之后,国家对西藏的投资增加,全国其他省市的援助力度也逐年加大,带动了西藏第二、第三产业的快速发展。1996 年西藏自治区政府将旅游业作为西藏经济的支柱产业之后,由旅游业带动的第三产业发展势头迅猛,截至 2002 年西藏第三产业从业人员数已占到总从业人数的 25%,基本接近全国水平,传统农牧业中的劳动者逐渐在向第三产业转移。另外,第一产业在国民经济中的比重也呈逐年下降的趋势,从 1952 年的 97.2% 下降到 2002 年的 24.6%,下降幅度达 72.6%。第三产业增长迅速,从改革开放初期 1981 年的 23.2% 增加到 2002 年的 55.0%,21 年间的增长幅度达 31.8%,其中旅游、餐饮等已经成为全区的支柱性产业。

除了经济发展的原因之外,一个比较现实的因素是,20 世纪 60 年代鼓励生育的政策使得人口增加太快,经过 20 多年的发展,使原来本就局促的居住条件更不能满足生活需求,致使修建房屋成为生活中的头等大事。

第三章
日常生活方式五十年变迁

这一时期，人们采取互帮互助①的方式建设各家的新居，但是这次房屋建设相对于过去各方面都没有太大的改变，依然是土石结构，用的石块也是天然形成的。由于建房材料的限制，房屋在建筑空间的拓展上很有限。相对于平均六七口人的大家庭，家庭成员中大人和孩子、男性和女性并没有在居住格局上有什么新变化，依然是一种混居状态。

以艾玛乡乡政府所在地恰热村拖拉机站自然村30户居民住房为例，在2006年之前，共有村民156人，其中人口最多的西洛家共有9人，而只有房屋3间。2008年，实施安居工程前，村里有118口人，共有房屋才38间，一间房屋平均居住3人，而房屋面积大部分在10～15平方米，可见这一阶段虽然全体农民解决了住房问题，但是居住质量并不高。

原岗中谿卡的中等农奴堂拉的儿子嘉央一家从1960年至今，总共建过三次房屋，分别在20世纪70年代、2000年左右和2007年。堂拉说："三次盖房子。前两次都是小小的，2000年那次也只修了两层，但是很小，一点点。比较好的就是这次的房子。"堂拉家第三次盖房就是2007年西藏安居工程实施后建设的安居工程房。

---

① 互帮互助：不管是谁家盖房子，村里其他人家至少要出一个劳动力，并且所有工匠都出自这些人之中。房主为来者提供餐饮，但不付工钱。2006年开始建设安居房时，全部建房工程都采用包工，大部分工匠来自区内其他地方。

115

西藏农区民生事业五十年

（三）安居工程对房屋建构的革命性变革

2006年1月，西藏自治区党委、政府在深入调研、反复论证的基础上，决定实施以游牧定居、扶贫搬迁和农房改造为重点的农牧民安居工程，用5年时间让全区住房条件比较差的80%的农牧民住上安全适用的房屋。这是一次西藏自治区房屋改善的整体工程，由全区各级党委、政府和各有关部门统一领导，积极整合财政，政府贴息贷款、援藏等资金，广泛组织农牧民群众投资投劳、互帮互助、统一规划、整体推进农牧民安居工程建设，村级组织活动场所建设和农村水、电、路、通信、沼气、广播电视、邮政和优美环境"八到农家"工程，安居工程的实施使农牧区面貌发生了历史性改变。

根据自治区政府和日喀则地区的政策，艾玛乡安居工程2006年开始实行，其中2006年、2007年、2008年、2009年分别完成50户、151户、202户和604户，至2009年共完成1007户，约占全乡1633户的62%，计划2012年全部安居工程完成。

安居工程分为新建、修缮和牧民定居三类。自治区对新建房屋补贴为：相对贫困户补贴1.2万元，绝对贫困户补贴2.5万元，修缮民房补贴1万元，牧民定居补贴1.5万元，此外每户提供防震补贴5000元。另外，日喀则地区补贴每户500元，每户每人援藏配套资金1500元。在无偿提供建房资金的基础上，农牧民还可以根据自身的经济条件向国家申请无息贷款。

在项目安排上，采用先贫困户，后富裕户的方式。在选取安居户的时候，乡政府组织村委会一方面是通过村民无记名投票筛选；另一方面是由乡安居领导小组下村入户认真调查核实后确定，真正做到对安居户的严格界定、公平公正的原则。在坚持本村安居工程"十一五"规划排队顺序的基础上，按照"谁准备得好，让谁先建设"的原则，对现有住房困难和居住在危房的家庭优先照顾。

在具体建设过程中，考虑到艾玛乡距离中心城市相对较远，建设房屋所需材料采购不仅有很多安居户不具备条件，而且在材料价格方面也不能得到优惠，所以乡政府安排专门的负责人前往拉萨统一购买木料，然后统一运回乡里并负责发放到自然村。同时，对于其他救助资金，乡政府给每户设立一个资金账户，采用专项资金发放，把每批兑现的资金进行公示，专款专用，专人管理，做到公开、公正和透明，形成了专项资金认真落实的保障机制。

正是由于西藏自治区政府和日喀则地区以及南木林县政府比较充裕的资金补贴，使得艾玛乡的房屋在建筑材料、形制结构和人居环境等各个方面都发生了前所未有的变化。

其一，建筑材料的变化。和安居工程前房屋建设用材相比，安居工程所用的建筑材料发生了比较全面的变化，具体如表3-3所示。

表3-3 安居工程前和安居工程房屋建筑材料变化

序号	房屋部件	安居工程前	安居工程
1	墙基	土石	土石、混凝土
2	墙体	泥土、碎石头、泥巴	专门开采的规则石头、水泥勾缝
3	横梁	木材：村民自伐，形制粗糙，直径15~20厘米，杨木	1. 木材：拉萨木材厂购买，直径25~30厘米，松木
4	屋顶	1. 椽木：村民自伐，直径7厘米左右，一柱26~34根 2. 房苫：树枝、碎石块 3. 阿嘎土	1. 椽木：拉萨购买，形制规整，直径15~18厘米，一柱约20根 2. 阿嘎土 3. 钢筋混凝土预制板、水泥
5	窗户	木质	铝合金
6	内墙壁	泥巴和沙子混合抹平	水泥抹平
7	地板	泥土和沙子	水泥、瓷砖
8	门窗黑边	泥土上染黑色	水泥染色、黑色石片或黑色瓷砖
9	楼梯、护栏	木头	铁质
10	香布	五色布帘	铁质

资料来源：2011年课题组调研资料。

建筑材料无疑是影响其建筑形式的重要因素，特别是到了现代社会，建筑材料成为推动每一次住房革命的重要因素。安居工程给农居空间带来革命性变化的直接原因同样来自现代建筑材料的应用。它对房屋外观、质量和空间格局等各个方面都产生了重要影响。

从外观上说，长方体的经过打磨的青白色石头使整个墙体从外表看上去相当的美观，也让整个村落更显秩序井然和壮观。预制板、水泥的使用，使内部空间从屋顶、墙壁到地

第三章 日常生活方式五十年变迁

面显得整洁卫生。铝合金门窗的使用也使得屋内光线明亮，封闭性好，增加视觉空间。同时，把窗户变成推拉式，这样就使得窗户不再像过去用木条分割成小方格，增强了窗户的通透感，也不会担心开窗可能造成的大风使玻璃碎裂的情况。

从质量上讲，新型建筑材料的采用使房屋变得更加坚固、结实和耐用。从屋顶的混凝土预制板到铺地的水泥和瓷砖，再到铝合金门窗，甚至是屋外窗户的黑色边框，等等，所采用的材料都比过去的材料坚固耐用。即使是屋顶使用全木结构修建房屋的家庭，现在的横梁、椽子、苫料也比过去结实耐用、美观程度上有着天壤之别。

从空间方面看，安居房在空间结构上要开阔得多，现有的木料和传统的木料在长度、直径上都大为不同，比原来的要粗、要长，这样在房屋空间扩展上也少受限制。带来这种空间感的还有铝合金门窗的使用。

其二，空间结构和居住面积的变化（见表3－4）。由于新型建筑材料的使用，使得整个房屋在面积和形制结构上产生了重大改变。以艾玛乡夏嘎村2009年66户安居房屋变化为例，66户共有507人。实施安居工程之前，人均居住面积只有13.24平方米，安居工程后人均达到23.55平方米，人均面积比安居前增加了近一倍。房间数也接近人均一间房屋。房间数量的增多不仅使得居民实现了性别分居，也实现了代际分居。同时，在过去作为主要就寝场所的厨房现在基本不再作为就寝地，而厨房的设施不仅采用了安居工程配套设施沼气,且大部分家庭有了电冰箱等现代化家用电器。

表3-4 夏嘎村2009年安居工程前后居住条件比较

单位:平方米,间

安居前				安居后			
房间数量	总面积	人均面积	人均房间	房间数量	总面积	人均面积	人均房间
295	6712	13.24	0.58	505	11938	23.55	0.99

资料来源:课题组2011年调研夏嘎村66户样本资料。

此外,过去的门窗:门高一般160厘米,宽70厘米。窗户通常宽60厘米,高70厘米,而且一间屋子只有一个窗户。实现安居工程之后,房屋的门净高180厘米,加上门上面的小窗,门高约220厘米,门宽80厘米;窗户宽160厘米,高170厘米。在诸如客厅等房间,朝阳一面几乎通体修建窗户,有些人家二楼的房屋除了在正面和侧面交界处有一个支撑墙体外,全部安装了铝合金窗户,这样每间房屋不仅采光通透,而且非常美观。

其三,大门、院落、厕所、牲畜圈等附属设施与安居工程前相比更加完善。安居工程建设后,每家均有独立的院落,院落的建筑比过去宽敞平整,大多在60~100平方米之间。一层房屋建筑的厕所一般靠近大门的一角,在不影响公共用地的情况下,居民有的也把厕所建在院墙外面或和牲畜圈较近的地方。大部分民居把牲口棚设在院外房屋的一侧,使得人畜分置,互不干扰,改善了卫生条件。院落较大的人

第三章
日常生活方式五十年变迁

家也有将牲口棚建在院内的，但因为牲口棚距离居室较远，对人居环境不产生多少影响。

其四，在安居房屋内进行绘画装饰成为时尚。几乎每户的房屋都会进行大量的屋内和屋梁的装饰，而不再像过去在墙体和立柱上做些简单描绘，而是绘制一些吉祥图案，大量的宗教内容也开始进入这些平常百姓的屋舍。目前完成的安居房屋内进行绘画装饰的费用普遍在 3000~6000 元之间。特别是经堂和客厅几乎每家都是通体装饰。

（四）安居工程对生活起居的影响

任何一个民族或区域，其房屋的空间结构一定会随着生产力水平的提高而发生变化。同时，社会文化也会随着房屋空间结构的变化而程度不同地演进。安居工程在建筑材料、空间大小、空间分割等方面的变化深刻地影响了人们的日常起居，使得人们的活动空间和居住方式发生了很大的改变。

1. 院落

安居工程之前，房屋的院落一般是人畜共用，门道不分，院子也不做专门的铺设。如果是二层房舍，畜圈一般会在一层。如果是一层，大部分牲畜圈会建在靠近大门院墙左右两边的一侧，院落空间局促。安居工程后，村民基本上都采用了人畜分离的方式，分别设门供人畜出入，院子的空间也更大。院落与晒台的隔墙下建有水井，水井是西藏自治区实行人饮工程的结果，是安居工程的配套设施。安居工程之前，院子大多是以沙土铺垫，安居工程后，由于门道上实行了人畜分离，大部分人家的院子用水泥抹平，或者以砖或石铺设并隔有花池，干净美观。

2. 晒台

晒台的建造方法：在建造房屋之前先把院子大约二分之一垫高1~2米，因为村里的房屋建设形制基本是一个平放的"凹"字形，这样凹进去的部分高于整个院子，同时又是一处平整的空地，房屋建好后沿着房屋地基的边缘垒高50厘米左右的墙。晒台整体要用水泥抹平。如果是二层房屋，则基本上是一个"回"形建筑。二层建筑围绕在一层屋顶的两边或者三边，这样会在中间形成一个空间，作为晒台。

传统上，今天晒台的部分和院落在同一个水平面上。由于当时房屋空间有限，靠近屋檐下的部分通常是家庭成员就寝的必要场所，即便是严寒的冬天也不例外。同时也是人们白天娱乐、享受日光的地方，所以，在靠近墙根的地方都会放上一排藏床。安居工程之后，由于有了足够的卧房，除了个人喜好，晒台一般不再有就寝的功能。有些人家在上面放一些椅凳和桌子，作为平时闲坐、喝茶和招待客人的地方。除此之外，晒台主要的作用是用来晒奶渣、打酥油或者晾晒受潮的粮食等。

煨桑①是藏族人最流行的日常祭神方式之一。过去人们日常煨桑地点一般是到村里的寺庙或者是作为公共建筑的桑窝。家里的桑窝通常建在屋顶后女儿墙的位置，以便在重大

---

① 煨桑，藏族用焚烧松柏枝、糌粑等物品来祭祀诸神或达到净化之意。

节日或者仪式的时候用。有了晒台之后，几乎每家都在晒台和院落的隔离墙上垒有一个桑窝，以代替寺庙或者公共桑窝，成了各户日常煨桑的地方，而原来的煨桑之地只有在重大节日的时候才去。这样使得一个本来不起眼的地方，变成了一个日常祭神祈福的神圣空间。

3. 客厅

客厅是个新出现的空间，它一出现就在房屋结构中占据了重要的位置。在位置选择上，如果是一楼，客厅一定位于"凹"形房屋的中间部分；如果是二楼，客厅一般是在二层的中间位置；在面积分配上，客厅面积通常是其他房间面积的两倍左右，大小20~30平方米不等，呈长方形。由于大部分人家开始使用预制板封屋顶，所以一般不再需要立柱和横梁。客厅朝阳的一面基本是通体铝合金窗户，厅内采光非常好。生活条件好的人家会以瓷砖铺设客厅的地面，条件差点的则用水泥抹平之后再涂以彩漆或铺上地板革。

在陈设上客厅最为讲究。靠窗一面一般是一排藏床，藏床上的卡垫是所有房间最讲究的。藏床前面放一排藏桌。靠阴一面墙则是2~3组藏柜，柜高1.2~1.5米，上面摆放着电视、音响等物件。一个比较新鲜的陈设是沙发，家庭条件好或者常去外面工作的人会在客厅里摆上一组沙发。其位置一般在客厅的侧面，而不会放在主要的位置上，除极个别人家外，沙发前面一般不放茶几。

和城市里一样，客厅最主要的功能是接待来客。不同的是，本村的人相互串门一般不会到客厅内坐，大部分是坐在阳台上或者厨房里。只有比较尊贵的客人才会被让进客厅。除此功能外，客厅兼有卧房的功能，在此睡觉的一般是家庭的管理者。

4. 经堂

传统上，房屋并没有专门的经堂。安居房建成后，每家房屋必有一间作为经堂。无论房屋是一层还是二层，经堂一般位于西面的侧屋。屋内供奉着神灵和藏传佛教的高僧活佛。除此之外就是唐卡，唐卡的数量和质量随家庭的经济条件各异。家庭经济宽裕的人家，经堂的面积不仅可以达到二三十平方米，经堂内的佛龛、佛像、经书等宗教用品，其价值可以达到数十万元。

5. 卧房

传统上厨房和屋檐下的晒台一直是人们就寝的主要场所，少有专门的卧房。安居房建好后，每家都有至少两间专门的卧室。卧室陈设比较简单，除了就寝的藏床外，会有放藏被的柜子。条件不错的人家也会购置席梦思床，主卧室还会放一台电视机。

因为房屋的增多，卧室和其他房间分离，这样人们开始有分居的可能，成人意识、性别意识开始增强。一般情况下，夫妻、成年男性和女性会分住不同的卧房，有时候老人会和未成家的成员一起住。

6. 厨房

厨房在居民生活中无论是过去还是现在都占有重要的位

置，但也是在建材和位置选择上最不讲究的一个处所。过去的厨房是整个房屋建筑的一部分，除了用来做饭和吃饭，这里又是固定的卧房，通常就寝的是家里的老人和小孩。

安居房建好后，大部分居民是在院落的一角另建一间面积在15平方米左右的房间作为厨房，建筑材料主要是用过去旧房拆卸下来的材料。除非家里确实有些年纪较大的人喜欢，否则这间房子一般不再具有卧室的功能。如果把主体房屋中的一间作为厨房，那么这间房屋一般还是固定的卧室。无论选择什么地方作厨房，其中的设置较过去都有很大的改变。传统的土制火炉只在个别家庭有所保留，大部分家庭使用有三四个火眼的铁制火炉，燃料是牛粪和木材。在寒冷的冬天，它可以烧水做饭又可以取暖，这也是有些老人冬天喜欢住在这个小房子里的原因。作为安居工程的配套工程，政府免费为村民建设沼气池。由于西藏极好的太阳能资源，沼气非常充足，解决一日三餐和日常的茶饮用水绰绰有余。

7. 粮仓

粮仓是村内民居建筑中又一个重要的空间，粮仓一般选择阴面最后面的一间屋子，外人通常不进去。房屋用材基本是旧房拆卸下来的材料，简单抹平墙体，没有任何装饰，比较简陋。屋内不见阳光，只在后墙处开一个小小的窗户通风。因为西藏气候干燥，加上不见阳光，所以粮食放几年都不会变质。粮仓除了存放粮食之外，每到过年过节，人们就会把宰杀的牛、羊、猪肉切割成条状，然后用铁丝悬挂在粮仓内，使其成为晾晒干肉之地。粮仓主要是作为农家储存一家人粮食的地方。

（五）安居工程与饮水工程的实施

西藏民主改革前，各地居民很难用上干净卫生的水，人和牲畜共饮蓄水，饮用不洁水引发的各种疾病居高不下。居住在艾玛乡的农牧民饮用水同样来自附近的沟渠、河道，不仅取水时间长，再加上人畜一同在河里饮水，容易传染疾病，雨季来临，河水浑浊不堪，水质差，给人们的健康带来严重影响。

民主改革之后一段时间以来，对于人畜饮水的现状并没有彻底改变，直至20世纪90年代，为解决人畜饮水问题，南木林县扶贫项目建设了一批人畜饮水工程，以此解决了部分人畜饮水安全问题，艾玛乡饮水问题比较突出的几个村首先成为这次人畜饮水工程改善的对象（见表3-5）。

表3-5 1995~2000年艾玛乡人畜饮水工程建设情况

建设地点	建设时间	管道长度（米）	总投资（万元）	工程效益
艾玛乡孜东村	2000年	3600	18.49	解决116户739人965头牲畜的饮水问题
艾玛乡恰热村	2000年	5010	42.7	解决235户1135人5220头牲畜的饮水问题

资料来源：2011年调研资料。

2006年西藏农牧区开始实施安居工程之后，饮水工程作为一项重要的配套工程同时实施。艾玛乡各村寻找优质水源，通过自来水管道把水引向村内各户。凡是实现了安居工程的农牧民，已经可以饮用上比较安全的自来水。但是在我们调查时夏嘎、拉布等村落很多村民向我们反映，目前自来水经常会断流，村民们把原因归结为水源选择问题。

截至2009年，西藏自治区实施的农牧民安居工程建设进展顺利，其必将在西藏房屋建设的历史上留下浓重的一笔，因为它从旧到新、由小到大、由简陋到精致，全方位改变了西藏广大农民的居住条件，为农牧民创造了一个舒适的生产和生活的空间。

第三节 日常生活中的现代化

（一）电与电器

历史上，南木林县一直用煤油、蜡烛或者是酥油灯照明。1980~1983年，南木林县修建了第一座水电站——拉岗电站。拉岗电站距县城驻地约6公里，在湘河右岸的南木林镇阿郁村，引水渠全长13.95公里，该电站总装机容量500千瓦，两台机组发电，年发电量85万千瓦时。拉岗电站的建成，结束了南木林县无电的历史。1995年3月，南木林县政府对拉岗电站进行了扩修，1999年5月通过竣工验收。扩修后的拉岗电站总装机容量1500千瓦，年发电量180万千瓦时，可满足县城和附近4个乡镇42个行政村3299户22051人的用电问题。艾玛乡在2000年，大部分乡村已经通电。2007

年，国家和自治区政府在农牧区进行三期农网改造，艾玛乡电力改造工程使一些比较偏远的寺庙也实现了通水通电。

供电问题的解决，促进了农牧民家用电器的增加。特别是近几年，电视、电饭锅、电动酥油茶搅拌机、电冰箱、影碟机、电话、洗衣机几乎成为经济收入增加之后必需添置的日常生活用品（见表3-6）。

表3-6 1990~2010年西藏农村居民家庭平均
每百户主要耐用物品拥有量

单位：台/部

项目\年份	1990	1995	2000	2007	2009	2010
洗衣机（台）		0.13	2.29	8.58	9.70	10.41
黑白电视机（台）	0.32	0.73	4.79	1.35	2.16	2.09
彩色电视机（台）	0.04	0.57	8.96	53.91	68.44	73.45
电冰箱（台）			0.41	10.13	11.82	14.73
电话机（部）			0.2	44.66	77.97	98.04
影碟机（台）			0.41	29.59	45.06	45.27

资料来源：2010年西藏统计年鉴。

如表3-6所示，1990~2010年的20年间，西藏农牧民的家用电器数量从无到有，快速发展，特别是2007年之后，家用电器数量激增。根据近些年我们对多个乡村的跟踪调查，其原因主要有三方面：首先，由于农牧区家庭经济收入的增加导致家用电器数量的增加；其次，随着外出务工农牧民的增加，现金收入增多以及他们对外部世界生活的效仿；最后，安居工程建设成为家用电器数量增加的又一个重要因

第三章
日常生活方式五十年变迁

素。当人们迁居到宽敞明亮的新居之后，大部分家庭都会想办法添置几件家用电器。在表3-6中没有反映的酥油茶搅拌机，普及率几乎是100%，有的家庭还不止一台。这些家用电器的增加，极大地方便了老百姓的日常生活。同时诸如电视机、影碟机等电器的拥有，不仅增加了农牧民的娱乐方式，对他们的日常生活和生产都产生了重要影响。

（二）电视开启的现代化生活

近年来，中国国家广电总局会同国家有关部委，大力实施了"村村通广播电视工程"[①]、"2131 工程"[②]，努力扩大广播电视在乡村的有效覆盖率，特别是重点实施了"村村通"工程。从1998年起，经过3年的努力，"村村通"工程全国累计投资16.4亿多元（其中国家计委投资2.2亿元，国家广电总局投资1.1亿多元，地方政府配套投资13.1亿多

[①] "村村通"广播电视工程，为解决广大农民群众听广播、看电视难的问题，1998年党中央、国务院决定启动广播电视"村村通"工程，第一轮工程至2005年结束。根据第一轮工程实施效果，2006年，党中央、国务院决定继续实施广播电视"村村通"工程，按照"巩固成果、扩大范围、提高质量、改善服务"的要求，构建农村广播电视公共服务体系。新一轮广播电视"村村通"工程的目标是：到2010年底，全面实现20户以上已通电的自然村全部通广播电视。

[②] "2131 工程"，即在21世纪初，实现一村一月（30天）放映一场电影。这是1998年国家广电总局、文化部《关于贯彻落实农村电影放映"2131"目标的通知》中提出的。2000年，国家计委、广电总局、文化部联合下发了《关于进一步实施农村电影放映"2131 工程"的通知》，要求各级政府"要成立'2131 工程'领导小组，有专门人员具体负责这项工作，要采取政府扶持和市场相结合的办法，解决农村电影放映问题"。

元),基本实现了全国"村村通广播电视"的目标,解决了7000多万农村群众收听收看广播电视的问题,使我国的广播电视人口综合覆盖率分别提高到92.33%和93.6%。截至2003年为止,全国城乡共有收音机5亿台,电视机3.7亿台,广播听众达12.02亿,电视观众12.17亿;广播人口综合覆盖率达到93.34%,电视人口综合覆盖率达到94.62%。①

为加强西藏、新疆等边远少数民族地区广播电视覆盖,在"村村通"工程实施的基础上,国家广电总局与国家计委、财政部、电力公司等部门与西藏、新疆、内蒙古、四川、青海、甘肃、云南7省区共同实施"西新工程"。国家投入工程建设和维护资金19.28亿元,西藏、新疆等7省区的广播覆盖能力大大增强,总功率比"西新工程"实施前增加2.5倍。这项重大工程完成以后,即便是一些偏远的边疆地区,电视也已经成为人们日常生活中重要的一部分。截至2011年底,西藏广播电视人口综合覆盖率分别达到91.67%和92.8%,县级以上城镇居民可以收听、收看3套无线广播电视节目、30套以上有线电视节目,70%以上的农牧户可以收听、收看直播卫星广播电视节目。

南木林县电视事业起步较晚,但是发展迅速。县电视台成立于1984年,当时有工作人员3名,配备直径6米接收天线1个,3.5米接收天线2个,3米接收天线1个,50瓦

---

① 朱虹:《2002~2003年我国广播影视业发展概论》,《广播电视信息》2003年第9期。

第三章 日常生活方式五十年变迁

彩色电视差转机2台,10瓦电视差转机1台,松下电视机5部,录像机6台,每晚转播中央一台和西藏一台两套节目。1993年10月,县城开通了有线闭路电视,并相应增加调制器6部,摄像机1台,电视频道增加为10套节目。1994~1995年,南木林县所辖19个乡(镇)分别建了10座乡级太阳能地面卫星电视接收站,8座单收站,从此结束了农牧区群众无电视可看的历史。到2000年全县电视人口覆盖率达到66.11%。2010年已经实现广播电视全覆盖,电视机已经成为村民日常生活中的必需品。

电视在改变着乡村社会日常生活的同时,也为乡村社会带来外部世界的一切,使得乡村社会原有的生活空间和原有的生活方式都发生了极大的改变。

无论从事何种行业、男性或女性,大部分成年人几乎每天都会观看电视,每天晚饭和晚饭后的时间是电视机工作的主要时段,晚饭后的时间也是电视对人们日常作息影响最大的时段。由于每个个体的可自由支配时间各不相同,电视在该时段内出现的时间长度也相应不同。因此,每个人看电视的时间较为随意。未成年人看电视的频率相对来说更高,特别是正在读书的学生,因为他们普遍汉语水平较高,能够看懂汉语台,所以只要放学回家,首先做的事情就是看电视。

电视如同钟表一样影响着人们的时间安排。大部分家庭早晨一起床就会打开电视,如果不是田里的农活需要人去做,可能电视会一整天开着。人们说,有了电视和没有电视之后生活上最大的不同是现在睡觉晚了,而且现在晚上的家

131

西藏农区民生事业五十年

庭生活很热闹，不像没有电视的时候那么安静。再一个比较明显的变化是，现在晚上村民之间串门子少了，大部分人会在家里看电视。电视已经成为村民了解外部世界的重要渠道。岗中村村民顿珠次仁（男，55岁）说：

> 现在每家都有电视。能够收到的电视台（频道）有24个。节目什么都有，想看什么就看什么。现在了解外地信息都是靠电视。一般晚上都是在家里看电视，喜欢看西藏的唱歌节目，像我这样年纪的喜欢看藏语节目，年轻人看汉语节目的多。①

在访谈中，电视对于顿珠次仁的影响基本上代表了目前农牧民电视生活的基本状态。电视在娱乐老百姓的同时，也成为他们了解国家政策、针砭时事的信息源。有的村民在我们调研的时候说：

> 电视每天说惠民政策多得很。以前项目基本上都给贫困户，现在电视上说富一点的人也有，到现在还没有。安居工程、防震工程等，我们都还没有。②

---

① 笔者调研笔记。
② 据南木林县负责安居工程建设的干部介绍，安居工程是分批开建的，贫困户和房屋质量差的家庭优先安排。或许是因为宣传工作不到位，导致部分还没有轮到的农牧民认为不给他们安居工程款。防震补贴款是随安居工程一起发放的。——笔者注

132

第三章
日常生活方式五十年变迁

除了关注新闻事件，老百姓最喜欢看的是藏族歌舞类的节目，还有和他们日常生产相关的农业科技类节目。

正是因为电视对人们生活的重要作用，艾玛乡政府也十分重视对电视的管理和服务。2009年为了增加村民的收视频道，乡政府免费为有电视机的家庭发放卫星接收器1295个，当时有农户1615户。而对于没有电视机的贫困户，乡政府在县政府的帮助下则直接发放了电视机。仅2007年乡政府就向全乡312户贫困户发放了电视机。

电视还成为乡政府帮助农牧民寻找致富的门径。他们通过报刊、电视等媒体寻找一些适合艾玛乡实际的农用科技，经过汇总后，对各村骨干分期分批地进行科技培训，让部分农牧民学习和运用更为先进的种植和管理技术，达到提高农牧业增产与增收的目的，也为全乡农牧民在各项生产指导中增加科技含量。

在历史上，也许数百年，甚至上千年，西藏农牧民的日常生活方式都没有实质性的变化，然而，自从有了电视，这恒定的生活状态就在发生改变，从作息时间、吃穿住行到思维方式和思想观念，一切都在变化着。电视可以改变知识、态度和观点，也改变着人们的行为方式。其对乡村社会的改变也许是当下的，也许是延时的，然而变化是注定要发生的。正如萨尔兹曼所言：

虽然世界可能永远不会完全变成马歇尔·麦克卢汉所狂热描述的"地球村"，但每个村庄——不管乡下的或都市的,前工业的或后工业的——正在变得越来越全球化,从电子化角度来看,世界正在进入每个村庄和街道、每个部落和居留地、每个社区和郊区。①

第四节 日常生活中的宗教活动

从狭义的民生概念来看,其并不包括属于精神层面的宗教信仰问题,但是,我们之所以会把对艾玛乡农牧民的宗教信仰作为研究的一个部分,是因为在西藏普遍存在的对藏传佛教信仰的现状,且这种信仰已经深刻地印在了广大农牧民的心中,成为日常生活的一部分,并影响着他们的生产和生活、思想和认识,所以关注西藏的民生,宗教信仰几乎是必须面对的话题。

西藏宗教信仰的历史久远,从本土的苯教,到后来的藏传佛教,都曾给藏民族留下深刻的印记。特别是藏传佛教信仰,在延续了一千多年之后,以多个派别存在于西藏现在的宗教信仰中。地处后藏的南木林县也不例外,特别是藏传佛教噶举派的香巴噶举是南木林人琼波南杰所创。民主改革前夕,南木林县境内有寺庙34座。2000年,全县恢复寺院至34座,有僧人390人,尼姑149人。

艾玛乡共有五座寺庙:牛曲果林寺、孜东曲德寺、巴金

---

① 转引自柯克·约翰逊《电视与乡村社会变迁》,展明辉、张金玺译,中国人民大学出版社,2005,第173页。

寺、仁青岗寺、多吉竹布寺。这五座寺庙是艾玛乡农牧民宗教信仰活动的主要地点，同时家庭法事所请僧人也基本来自这些寺庙。虽然寺庙也经常举办一些宗教活动来满足人们的信仰需求，但是对于大部分的农牧民而言，日常的宗教活动基本上还是在家庭空间内施行。

民主改革之前，虽然艾玛乡有五座寺庙并有大量的僧人，但是对于普通农牧民而言，寺庙带给他们更多的是数不尽的乌拉差役，而不是宗教信仰的幸福感。

艾玛乡的康萨谿卡在历史上是个很小的村谿，却承担着众多的乌拉差役，这些差役是因为当时扎什伦布寺每年要派僧人去当木地区（现在的当雄地区）常住，由扎什伦布寺负责运送他们的吃、穿、用一切物品，与此同时这些僧人又要向扎什伦布寺上供，这来往的运输任务，全部由沿线的差民以支外差的形式去完成。据1959年调查组的记录，当时只有四户差巴的康萨谿卡每年要筹足50~100头牲口来运送这些物资，这成为差民们沉重的负担。正如我们课题组调研期间原岗中谿卡农奴堂拉的儿子嘉央所说：

　　差，啊呀，太多了，日夜都是。当时是给寺庙恩供寺种地，主要为寺庙当差，因为谿卡属于寺庙。①

不仅如此，对于那些贫苦的农奴来说，虽然他们为寺庙

---

　　①　笔者调研笔记。

西藏农区民生事业五十年

承担了大量差役,但是,当他们遇到人生重大礼仪需要僧人到家里进行诵经以驱灾或祈福的时候,农奴们却往往请不到数量众多的僧侣。原扎康谿卡农奴堆吉旺堆的儿子次仁诺布(男,67岁)说:

> 以前喇嘛倒是多,但是每年想请喇嘛,还是请不来,穷人家,请不来喇嘛,即便来了吃的也供不起,每年只好请一次巫师,到家里做法事。①

在民主改革之前,本来具有普世价值的藏传佛教信仰却有着严格的等级划分。不仅僧侣自身等级森严,存在不平等和剥削,对于信徒而言,在僧侣眼中也有明显的等级,那些贫苦的农奴不仅没有经济实力去请一个他们需要的僧侣,而且很多时候他们也没有资格去请。原扎康谿卡农奴赤烈6岁时进入寺庙,1959年31岁时离开寺庙,他说:

> 过去的扎巴(学徒)在寺庙里什么也没有,自己带糌粑在寺庙学习。现在的学徒比以前好多了,吃得好,穿得好,以前不行。以前当僧人的时候在老百姓家念经。早上给点糌粑,拿到薪酬要给自己的老师,现在僧人自己诵经自己拿钱,以前做僧人比较辛苦。②

---

① 笔者调研笔记。
② 笔者调研笔记。

第三章
日常生活方式五十年变迁

今天，人们的宗教信仰完全是自主自愿，信仰形式多种多样，信仰空间不断扩展，同时宗教活动中所必需的财物布施，对于农牧民来说也不再是一种负担。藏传佛教信仰对于广大的农牧民来说已经成为一种实实在在的精神信仰。

（一）日常祭祀的空间与仪式

艾玛乡各个村落的村民家庭内的宗教信仰空间通常包括大门、院落内的桑窝、厨房、经堂等，这些空间是村民祭祀神灵的地方。在这些空间中，既为神居之所又是日常祭祀之地的主要有两个空间：经堂和厨房。日常最重要的礼佛仪式基本上都是在经堂内完成，这个由原先睡房和礼佛合并的空间而分离出来的专门的神佛寄居之所，现在真正成了村民家里宗教信仰的中心。

居住条件宽裕的家庭，喜欢选择空间较大的房间作为经堂。房间一般位于房屋的西侧南边。无论选择哪间房屋，屋内的佛像不能面北。经堂内靠北的墙壁下摆放着一排高约1.5米的木质佛龛。大部分村民必供的神祇包括：释迦牟尼、文殊菩萨、格鲁派宗师宗喀巴大师和他的两个弟子克珠杰、贾曹杰的塑像或纸质画像、观音菩萨、班丹拉姆①，此

---

① 班丹拉姆，即吉祥天女，藏传佛教主要护法神，拉萨大昭寺护法神殿供其神像，西藏各大寺庙均崇信之。《佛学大词典》"吉祥天女"条云："旧称功德天，新称吉祥天，本为婆罗门神，而取入于佛教者。父德叉迦，母鬼子母，毗沙门天之妹。公德成就，与大功德于众生。"（转引自廖东凡《雪域西藏风情录》，西藏人民出版社，1998，第31页。）

137

外也有供奉达赖喇嘛、班禅喇嘛以及嘎玛巴等大活佛的照片的,还有村民可以接触到的或者来自自己家乡的某个寺院的活佛等。不少生活条件富裕的家庭会在经堂内供奉一套《甘珠尔》或者《丹珠尔》① 大藏经。

平时经堂内经常点有一盏酥油灯,遇到宗教节日会增加。根据家庭条件不同,经堂内的佛龛边上放置一排银质或铜质的小碗,通常为单数如17或21等。每天早晨要在小碗内放满清水。

今天,艾玛乡村民主要的诵经是在早晨起床后,一边做家务一边诵读"六字真言"或者其他祈福避祸的经文。特别是一些家庭主妇,早晨工作多,大部分人一边工作一边低声诵经。正如藏族谚语所说:"上等妇女起床先理头,手把头发理三下,再把神和喇嘛供,口中念诵度母经,祭神求福把头磕。中等妇女起床先理腰,腰系花带走过来,先给父老献茶酒,早晚家务她全(打)理。下等妇女起床先洗脚,一碗茶间找遍鞋,口中说东又道西,咬牙切齿把人怨,见了子女捶脑壳,见了丈夫翻怒目。"② 个别上了年纪的老人会整个上午在经堂内诵经。

---

① 《丹珠尔》(Bstan-vgyur),藏语音译,意为论疏部,亦称"副藏",是佛学院弟子及后世佛教学者对佛陀教义所作的论述及注疏的译文,此为《藏文大藏经》的两个组成部分之一。14世纪中叶,由学者布敦活佛编定而成。包括经律的阐明和注疏、密教仪轨和五明杂著等。其内容以德格版为例,共计有3461种,分为18类,即赞颂、续部、般若、中观、经疏、唯识、俱舍、律部、本生、书翰、因明、声明、医方明、工巧明、修身部、杂部、阿底峡小部、总目录。

② 王沂暖、余希贤译《格萨尔王传:门岭大战》,甘肃人民出版社,1986,第15页。

（二）多样化的信仰方式

除了以上日常的礼佛事项，请喇嘛到家中诵经和外出朝佛成为今天大部分村民宗教信仰活动的重要方式。

首先，请喇嘛入户诵经是各个农牧户每年必须有的一项宗教信仰方式。一般每年至少请两次喇嘛，每次请喇嘛一至二名。通常诵经两天，每天除了吃喝，各家根据条件不同要付给喇嘛20~50元不等的布施。对于现金不充裕的家庭，他们更多地选择用青稞等农产品作为礼佛酬金。

随着农牧民生活水平的日渐提高，现在无论是经堂的宗教设施和供物还是日常宗教信仰支出都在逐年增加。以原拉布谿卡中等农奴卓玛央金家为例，全家每年宗教花费接近2万元。包括每个月请喇嘛诵经，每次二三天，一般请二至三个僧人。遇到重要宗教节日要请十来个喇嘛，诵经四五天。如果用糌粑作为酬金需要100多斤，如果是青稞则需要二三袋（每袋100斤左右）。僧人来自孜东曲德寺。不过像卓玛央金家这样礼佛的人家在艾玛乡属于一小部分，大部分人家一年的宗教开支在2000元左右。

原扎康谿卡农奴堆吉旺堆的儿子次仁诺布（男，67岁）说：

> 我们家一般每年请四次僧人，每次至少2~3人，最多请6人，每次2天，如果请一位僧人的话就诵经3天，前两年每人每天20元，从2009年开始，大部分人

家会给每人每天50元，如果给的钱少，就要给点青稞。①

其次，今天的宗教信仰空间相比以往有了极大的扩展，过去对于大部分农奴来说，一辈子也没有离开过所出生的村落去外地朝佛，而今天便利的交通和比较宽裕的经济条件，许多村民的朝佛足迹已经遍及整个藏区。原拉布豁卡的卓玛央金（女，82岁）说：

现在好了，以前我哪儿都没去过，现在交通方便了，人们想去哪儿就去了，我一般朝佛去萨迦、拉萨、山南，儿子们还去过塔尔寺，每次要花费两三千左右。②

第五节　小结

通过对艾玛乡不同农户的调查，无论从调查数据，还是访谈内容，甚至是我们调查期间的认知，都可以感觉到50年来艾玛乡农牧民日常生活发生的天翻地覆的变化。大部分昔日的农奴今天都过上了衣食无忧、居住条件温暖宽敞，现

---

① 笔者调研笔记。
② 笔者调研笔记。

代化生活已经起步，宗教信仰自由满足的生活。我们在对夏嘎村2009年实行了安居房的66户居民问卷调查中，有一项内容是关于日常生活满意度的调查，涉及的问题有：对日常饮食情况的满意度、对住房情况的满意度、市场日用品供应情况的满意以及"相比三年前，您觉得您家目前的生活现状"（见表3-7、表3-8），等等。

表3-7 户主对目前日常生活相关问题满意度调查

	很满意	基本满意	不满意	不清楚
对日常饮食的情况	18	45	3	0
对目前的住房情况	35	31	0	0
对市场日用品供应情况	8	27	22	9

资料来源：2011年课题组夏嘎村调研资料。

表3-8 相比三年前，您觉得您家目前的生活现状

有很大改善	有一些改善	没什么变化	比以前变差了
2	55	9	0

资料来源：2011年课题组夏嘎村调研资料。

通过调查表明，目前对于日常饮食的满意度比较高，很满意和基本满意共计达到95.5%；但是在调查中，一些村民对目前存在的垃圾食品比较关注，特别是他们认为一些饮料和小吃对未成年人有害。艾玛乡的一位干部还专门就这个问题多次和调查组反映，希望我们能关注这个问题。对于住房情况，基本满意和很满意的达到了100%，调研中村民比较关心的是欠国家的贷款问题以及因修建安居房屋而出现的

西藏农区民生事业五十年

借款,也有些村民目前应得的安居工程款项还没有全部拿到。而对于三年前与今天生活的比较,大部分户主认为生活越来越好。正如原夏嘎豀卡的农奴次仁卓玛(女,78岁)所言:

近几年变化最大了,近几年住房,子女生活都挺好的,主要愿望是希望生活就这样,继续好下去。①

可以说,对于今日生活在艾玛乡的农牧民而言,已经不再是满足基本的衣食住行,而是在物质基础有了保障的同时,如何使他们的生活更加富裕,以提高他们的生活质量,满足他们的精神和文化生活。

---

① 笔者调研笔记。

第四章 教育事业五十年比较研究

20世纪以前，西藏的教育基本以寺庙为基础，这种教育方式一直持续到了19世纪晚期，甚至20世纪初期在很多地方仍然被沿袭。寺院教育的盛行为佛教文化在西藏社会的普及奠定了深厚的社会基础，并成为藏文化传播的重要途径，但是却与近代以来的社会进步脱节，缺乏对现代科学知识的传播，对西藏社会的发展作用甚微，特别是对今天现代化的西藏出现从某种程度上还成为障碍。直至1946年国民政府在拉萨开办国立拉萨小学之前，现代教育在这里依然是一片空白。此后，虽然在中华民国期间出现过几次开办现代教育的机会，最终由于国家动荡，一个具有现代教育色彩的正规学校始终没有出现。

1959年西藏实行民主改革到1965年西藏自治区成立期间，西藏教育才在历史上第一次建立起了现代意义上的大、中、小学，西藏现代教育体系才粗具雏形。

自1985年开始，在中央政府和西藏自治区政府财政支

西藏农区民生事业五十年

持下,西藏对义务教育阶段农牧民子女开始实行了包吃、包住、包基本学习用品的"三包"政策。从2007年开始,西藏对所有义务教育阶段学生实行义务教育。

近年来,西藏自治区高等教育更是迈上了新台阶。在专业设置上,广泛涉及理、工、农、文、史、哲、经、法、医、教育等十多个学科门类。学科门类更加齐全,专业设置更加合理。目前,全区高等教育已形成了研究生教育、普通本专科教育、职业教育、远程教育、继续教育等多层次、多形式、多规格的办学体系。建立起以区内办学为主、区内外教育相结合,包括幼儿教育、中小学教育、特殊教育、职业教育、高等教育和成人教育在内的较为完善的社会主义现代民族教育体系。全区已于2007年实现基本普及九年义务教育,基本扫除了青壮年文盲。

在教育投入方面,1959~2008年近50年间,国家为西藏教育累计投入270多亿元。仅2003~2008年全区用于学校基本建设的资金就达41亿元,2008年,全区用于"三包"的经费达3.6亿元。

第一节 "三包"教育政策的实施现状

西藏"三包"教育政策是中国政府针对西藏专门制定的一项特殊的教育政策,即对西藏义务教育阶段的农牧民子女实行"包吃、包住、包学习费用"的"三包"制度,正式实施是在1984年3月中共中央召开第二次西藏工作座谈

第四章 教育事业五十年比较研究

会之后,当时是在全区重点中小学实行"三包",1994年进行了进一步的调整,2001年召开了第四次西藏工作座谈会之后明确提出了对全区农牧区中小学生继续实行"三包"政策,并提高标准,以"专项"经费的形式保障落实。

2002年、2005年自治区教育厅、财政厅先后制定和下发了《关于"三包"政策和助学金制度的实施办法》《西藏自治区中小学"三包"经费助学金奖学金管理办法》,规定了"三包"费用的适用对象、标准和开支范围、日常管理办法,对监督检查与奖惩提出了具体要求,从制度上确保"三包"经费真正落实到每一个学生。随着社会生活水平的提高和物价的调整,国家也在逐年提高"三包"经费标准,以适应不断提升的物价水平,使得学生能够更加安心学习。2011年3月,西藏自治区出台了《学前教育阶段农牧民子女补助政策和城镇困难家庭子女助学金制度规定》《义务教育阶段农牧民子女"三包"政策和城镇困难家庭子女助学金制度》和《高中教育阶段农牧民子女"三包"政策和城镇困难家庭子女助学金制度规定》。

西藏"三包"教育政策的开支范围包括:(1)学生生活用米、面、茶、糖、糌粑、肉类、蛋类、油类、乳制品、蔬菜、调料等食品;(2)学生生活、学习用燃料等;(3)学生书包、文具等学习用品;(4)学生校服、被褥等必备装备;(5)学生生活日常用品;(6)学生食堂卫生防疫用品、饮水保温桶、小型炊具等。"三包"内容囊括了学生在学习时代几乎所有的方面,从根本上解决了农牧区子女上学的困难，使得所有学生都能享受到优质的教学资源。

"三包"政策的施行，一方面，减轻了广大农牧民的经济负担，广大农牧民群众都愿意让孩子上学；另一方面，"三包"政策的实行还改善了学生的生活质量，例如，所有的小学学生在早餐的基础上还增加了三元钱的营养餐，包括牛奶、肉类等，中午菜肴是一荤一素的标准。实行"三包"政策之后学生就不需要再买学习用品，都由政府提供。

自2011年1月1日起，西藏实行了教育阶段农牧民子女全部纳入"三包"，将"三包"扩大到学前教育和高中阶段，并提高"三包"及生活补助标准，学前教育、义务教育和高中教育阶段，达到每年每个学生人均2000元，边境县在原有基础上再提高100元。经费来源均由中央财政统一安排。据统计，此次"三包"政策"提标扩面"后，"三包"覆盖面达95%以上，每年有50多万名中小学及幼儿直接受益，资助资金达10亿多元。"三包"教育政策的不断完善和全面落实，将西藏义务教育阶段对象由学前扩大至高中阶段，有效地调动了广大农牧民群众送子女上学的积极性，有力地促进了西藏义务教育的发展，也标志着西藏城乡统筹的义务教育普惠制度全面实现，是西藏继农牧区义务教育经费保障机制改革后的又一重要民生工程。

第二节 艾玛乡中心小学的建设和发展

据南木林县历史资料显示，1951年以前，南木林县的

第四章 教育事业五十年比较研究

教育主要以寺庙建立的封建农奴制教育为主,全县有13所学校,教师15名,学生128名。大部分学校是私塾形式,招生对象为上层贵族子女,广大农牧民群众的子女没有接受教育的权利,因此文盲占农牧民人数的96%以上。对于艾玛乡而言,因为当时在行政归属上属于日喀则宗管辖,所以村里少数的贵族和大差巴子女能到日喀则学习。调查中,原中等农奴堂拉的儿子嘉央(男,67岁)说:"以前村里没有学校,上层他们有上学的,老百姓很少有出去学习的。"

原拉布豁卡中等农奴强巴塔杰的儿媳妇卓玛央金(女,82岁)在访谈时说:

>以前只有个别人家有识字的人,我们到人家家里学习要交学费,那时没钱,也交不起。那些自己家里有人识字的,主要是在家里算账。我们这些家里没有识字的人要请人家帮忙算账。当时上学的人非常少。①

在西藏旧式官办学校和私塾时,学龄儿童入学率不足2%。② 可以说,那个时候的农奴,除了辛苦的劳作之外,接受教育的机会少之又少,他们基本的受教育权利被剥夺了。

1959年民主改革之后,根据日喀则地区"因陋就简,勤俭办学"的原则,民办小学开始在南木林县得到发展。

---

① 笔者访谈笔记。
② 中国藏学研究中心当代研究所编《西藏知识问答》,2010,第100页。

西藏农区民生事业五十年

昔日的农奴及其子女开始有机会接受教育,并因此参与到西藏社会的建设中来。例如在1960年对扎康豁卡中等农奴索纳才仁家进行调查时,其家中已经有在西南民族学院毕业的学生,并在政府机关任职。

1976年,在原艾玛区公办小学的基础上成立了艾玛乡中心小学,建校初期(1976~1980年)仅有2间校舍(教室1间,教师宿舍1间),教师1名,学生18名。

1981年,通过实施"三年制义务教育项目"进行改扩建,学校改称艾玛区公办学校,改扩建后(1981~1984年)学校有4间校舍(其中3间为教室,1间为教工宿舍),有教师3名,学生40名。

1985年,艾玛乡公办学校通过实施"五年制义务教育项目"再次进行改扩建,改扩建后(1985~1988年)有17间校舍,其中教室6间,教师宿舍及用房8间,学生宿舍3间,教师5名,学生60名,学校正式更名为艾玛乡公办小学。

1989年,学校通过六年制义务教育,新建学生宿舍3间,增加了1名专任教师,学生近100人。

1995~1997年,学校有教师12名,学生达180人左右,新建学生宿舍3间,教职工宿舍3间。

1998~2000年,通过实施"国家贫困地区义务教育项目工程",学校占地面积扩大到44100平方米,成为规划合理、环境优美、建设完整、设施齐备的规范化小学,共有教师22名,学生535名。学校改称艾玛乡中心小学。自此一座在教学规模和质量方面都比较完善的小学得以建立。

第三节 艾玛乡"普及"九年义务教育现状

2005年，艾玛乡通过了西藏自治区政府的"普九"验收工作，此后结合全乡农牧业生产的特点开展了多种形式的"普九"巩固提高工作。至2009年，全乡有2所完小和7个村教学点。

（一）小学在校生情况

全乡7~12周岁适龄儿童1250人（其中女生589人），乡小学在校学生总数为1222人（其中女生572人），小学入学率达到97.76%（女生入学率达到97.11%）。各年级在校学生分别为：一年级188人，二年级202人，三年级254人，四年级194人，五年级190人，六年级194人。[①]

（二）初中在校生情况

全乡13~15周岁适龄少年541人（其中女生238人），初中在校学生514人（其中女生228人），总入学率为95%（其中女生入学率为95.8%）。各年级在校学生分别为：初一年级190人，初二年级168人，初三年级123人，职校33人。[②]

---

① 资料来源：《南木林县艾玛乡政府2009年5月"两基"工作报告》。
② 资料来源：《南木林县艾玛乡政府2009年5月"两基"工作报告》。

西藏农区民生事业五十年

（三）师资水平

全乡共有46名教师，其中专任教师42人，代课教师4人，专任教师学历合格率为100%。小学新任教师6名，学历符合国家规定标准，学历合格率为100%。教师采用双语教学，一、二年级用藏语教学汉语，四、五、六年级的汉语课程用汉语教学。对于大部分的藏族教师，一般还是用藏语教汉语和英语。部分老师用汉语教英语。老师都毕业于师范院校。从2008年开始中学、小学教师都是来自师范学院的本科毕业生。

（四）办学条件

两所完小分别位于艾玛乡夏嘎村的夏嘎完小和孜东村的孜东完小。其中夏嘎完小在1998年国家实施贫困地区义务教育项目工程时被确定为农村规范化建设学校，学校占地面积44100平方米。孜东完小是原孜东乡完小（于1999年底合并到艾玛乡），占地面积4160平方米。两所完全小学学生人均校舍面积为6.2平方米，房屋够用且无危房，学生桌椅齐全，校内住校生床铺齐全。由于近几年自治区政府对"普九"阶段实行强制性教育，以及农牧民逐渐对教育重要性认识的提高，所以相比过去入学率大大提升，导致学校住宿条件出现比较紧张的状况，南木林县政府为此在相关学校建设活动校舍以接纳学生，基本能够满足本乡适龄儿童的入学要求。

两所完小均建有食堂（食堂可容纳150名学生同时用

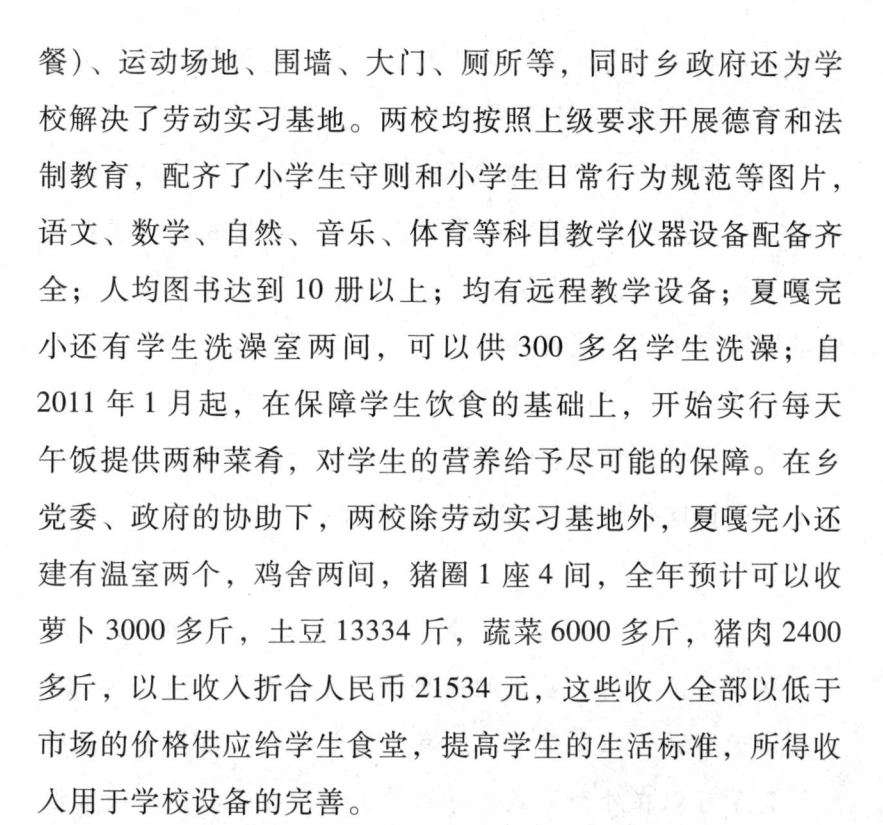

餐)、运动场地、围墙、大门、厕所等,同时乡政府还为学校解决了劳动实习基地。两校均按照上级要求开展德育和法制教育,配齐了小学生守则和小学生日常行为规范等图片,语文、数学、自然、音乐、体育等科目教学仪器设备配备齐全;人均图书达到10册以上;均有远程教学设备;夏嘎完小还有学生洗澡室两间,可以供300多名学生洗澡;自2011年1月起,在保障学生饮食的基础上,开始实行每天午饭提供两种菜肴,对学生的营养给予尽可能的保障。在乡党委、政府的协助下,两校除劳动实习基地外,夏嘎完小还建有温室两个,鸡舍两间,猪圈1座4间,全年预计可以收萝卜3000多斤,土豆13334斤,蔬菜6000多斤,猪肉2400多斤,以上收入折合人民币21534元,这些收入全部以低于市场的价格供应给学生食堂,提高学生的生活标准,所得收入用于学校设备的完善。

(五)为实现"普九"任务艾玛乡政府采取的一些措施

2005年初成立了"两基"[①] 攻坚领导小组,于2006年初成立了"两基"攻坚复查领导小组,在两个工作组的领导下,对普九教育采取了以乡党委书记为教育第一责任人,16个行政村党支部书记为直接责任人的工作机制。对部分未送子女上学的家长进行说服教育,并向他们进行有关教育

---

① "两基"是指基本普及九年义务教育和基本扫除青壮年文盲的简称。

法律法规和送子女入学的重要性的宣传，对说服教育后仍不送子女入学的家长，处以每天10元的罚款。

目前"普九"教育在艾玛乡已经成为各个村的重要工作内容。因为受传统观念的影响，一些农牧民家庭对于教育重视不够，常常在子女刚能承担家庭劳务的时候就要求子女辍学回家参加劳动或者外出务工，也有部分人是因为子女自身学习成绩的原因让其放弃继续接受教育机会，为此，各级村委会都根据自身的实际情况采取了相应的管理措施。夏嘎村支部书记次仁顿珠（男，67岁）说：

> 以前我们这儿有不上学的。不上学也有很多原因，孩子不愿意上，家里的工作多，家长的管理也比较差，家长留孩子在家里干活。有的家长把打工看得重，这样孩子可以在外面挣钱。有的学生素质也比较差，经常逃学，有的家长送孩子到学校，结果家长还没到家呢，孩子都先逃学回家了。这几年基本都上学了，主要是孩子到学校比在家里生活得好，特别是吃饭，比家里还好。如果再有失学的话，我们村干部就到他家里去教育家长，如果还不行的话，就会罚款。罚款从50元到200元不等，要给他们讲上学的好处，比如如果汉语、藏语都好的话，到拉萨打工什么的都容易。所以，现在小学到了入学年龄一般都积极地去上学了。①

---

① 笔者调研笔记。

第四章
教育事业五十年比较研究

由于经济发展对教育的影响,人们对教育的认识相比过去已经有了很大的提高,虽然目前高中阶段免费教育的政策还在制定当中,但是对于那些和外部世界接触较多的家长而言,他们非常鼓励子女接受比较完备的教育。拉布村村民西洛群培(男,46岁)说:

> 我的两个孩子都在日喀则高中上中学,虽然每月两个孩子的日用品和学习用具要花费700多元,但是我觉得值得。国家现在学费也在降,以前高中学费每学期要交2000元,现在给两个人寄去了1000元,学费降了。但是花钱也值得,现在学校、教师各方面条件都不错,两个孩子学习也不错,鼓励他们完成学业,最好两种语言都学好。特别是在社会上还是希望孩子学好汉语,这也是社会的需要,以后对他们出去工作有利。①

(六)"普九"阶段失学的主要原因

目前,尽管南木林县和艾玛乡政府都把"普九"作为一种强制性的工作要求,但是仍然有部分学生处于失学状态,我们在调研中了解到,失学的主要原因如下。

1. 缺乏接受教育的观念

对于一些农牧民,特别是一些特困户家庭,虽然在九年

---

① 笔者调研笔记。

西藏农区民生事业五十年

义务制教育阶段农牧民家庭不用出任何有关学龄儿童的教育费用，但是由于对教育的重要性认识不够，父母缺乏对子女的督促，导致出现失学情况。

2. 单亲家庭、劳动力少

对于那些单亲家庭而言，由于缺乏劳动力，很多学生在完成了小学教育之后，便在父母或者个人的要求下退学回家从事农业生产，造成失学。

3. 近些年农牧民家庭搬迁现象增多

一些搬迁户的子女离开户籍地之后子女可能出现失学情况。

第四节　职业教育

1998年以前整个南木林县不存在真正意义上的职业教育，有的只是一些零星的职业培训。职业教育发展缓慢的结果是不能有效培养专业技术人才。然而，随着市场经济的发展和农民参与市场机会的增加，专业技术知识的培训已经变得越来越迫切。为了缓解整个县域专业技术人才的匮乏局面，1998年，南木林县在县政府驻地南木林镇开设了2个缝纫班，配备了1名专业教师，招收了25名学员，南木林县的职业教育正式起步。

1999年，职业教育招生规模扩大，各小学增设有会计、农牧兽医等实用技术课程，使职业教育融于普通小学教育之中，但受经费、技术、政策等因素的制约，职业教育发展起

第四章
教育事业五十年比较研究

步晚、条件差、专业设置单一的现状仍未改变。

为了满足市场对职业人才的需求，进一步加快发展职业教育，提高职业教育的办学水平，南木林县政府决定在县中学代办职业培训班，采取一校挂两牌的形式，分别开设了会计、文秘、民办教师等专业，学制2年。

（一）以南木林县职业中学为基地开展的职业教育

南木林县职业中学始建于1998年，前身为南木林镇完小（现南木林县党校）。建校初学校仅有2个缝纫班，招收了25名学员，办学条件极为简陋，专业开设单一。1999年进一步扩大了招生规模。为满足市场对职业专门人才的需求，进一步发展职业技术办学实力，提高南木林县职业中学办学水平，在原西藏大学教授扎西次仁的竭力倡导之下，2000年，扎西次仁教授出资240万元，将南木林县职业中学职教中心迁址到艾玛乡恰热村，动工新建职教中心，同年竣工并投入使用，办学条件得到改善。职教中心又由扎西次仁教授投资82万元，配齐有关办学设备，地区教育局投资40万元，南木林县政府配套土地折价40万元。这样，南木林县职业中学于2001年10月24日正式竣工并交付使用。

学校占地面积15267.35平方米，其中学生宿舍2栋，建筑面积360平方米；教工宿舍1栋，建筑面积234平方米；教室2栋，建筑面积524平方米；食堂1栋，建筑面积115平方米；综合楼1栋，建筑面积234平方米；猪圈2座，建筑面积396平方米；温室3座，建筑面积585平方米；实验基地1250平方米；校外露天种植基地350亩。为全面培养学生的实际动手能力，学校利用劳动课和课余时间发动学生自己动手种花、种菜改善学校环境和生活条件。学校种植的蔬菜已达十几种，有藏葱、南瓜、黄瓜、西红柿、大白菜、萝卜（旱光萝卜，红萝卜，大萝卜）、青椒、菠菜、莲花白、菜花、西瓜、油白菜等。

2003年初，日喀则地委为学校捐赠小型金杯货车1辆；扎西次仁先生捐赠40型手扶拖拉机2辆，180B型农用小四轮车2辆；2002年底，县援藏干部捐赠40型手扶拖拉机1辆；县委、县政府捐赠55型拖拉机1辆，此外，县教育局还在学校原有的26台缝纫机的基础上，新添缝纫机40台。2007年10月，自治区财政厅拨付78.9万元，添置有关办学设备，使学校硬件设施水平进一步提高。

截至2010年，学校有各专业学生248名，教职工为16名，其中教师13名（有5名为正式教师，其余全为聘请教师）。为方便管理和学生学习，学校为寄宿制学校，设缝纫班（2个，共有学生85名，专任教师4名）、毛纺织班（1个，学生25名，专任教师1名）、民族绘画班（1个，学生45名，专任教师1名）、木工班（2个，学生93名，专任教师1名）。在全面开展职业教育培训课程的同时，学校十分重视学生文化知识的学习，开设了与普通中学相同的藏语文、汉语文、数学、体育、政治等文化素质教育课程，切实做到职业教育和科学文化素质教育两不误。

第四章
教育事业五十年比较研究

南木林县职业学校的基本办学原则是为"三农"服务，为农牧区经济的发展及农牧民群众脱贫致富奔小康服务。主要开展以传授实用型科学技术培训为主的职业教育，发展群众乐于接受"短、平、快"的实用新型技术，坚持因地制宜，长短结合，应需所学，边实践边完善的原则，做到了教育效益、经济效益和社会效益的有机结合。同时，学校在办学中把握市场经济形势和社会的实际需求，做到社会需要什么样的人才，就培养什么样的人才，举办了多种实用技术培训班，并且把理论培训与产品服务进行有机结合，形成了从理论培训到技术指导、信息咨询的一条龙服务，做到理论与实际相结合，为学生提供切实的就业保障。近几年来，为各乡（镇）科技乡长，各村村长以及学校周边群众进行实用技术职业教育培训，共开办养殖种植技术、农机修理技术等培训班 8 期，培养出了一批有文化、懂科学、有技术的当地致富带头人。

（二）劳动保障部门在艾玛乡针对农民工开展的技能培训

我们在西藏农牧区长期调研中发现，农牧区剩余劳动力外出务工已经成为拉动农牧区经济的重要手段。特别是自 2000 年中央政府实施西部大开发以及 2001 年第四次西藏工作座谈会以来，在中央政府采取的加大投资、降低税收和内地其他省市多种方式的援助下，西藏开始了跨越式经济发展建设，无论是基础设施，还是民生改善都在加速进行，出现了大量吸纳剩余劳动力的机会，外出务工成为区内各地剩余劳动力的首要选择。据有关研究，仅 2005 年，在一些村落，20~29 岁的男性村民从事非农业工作的比例就超过 60%。[①]如果算上女性外出务工人数，这个比例还会增加，而且，近年来，女性外出务工人数逐年提高。据有关统计显示，截至 2007 年 7 月，西藏共有 45 万需转移的农牧民劳动力。出门挣钱的机会和收入的多少，往往主要取决于两个因素：一是是否有专业技能，二是汉语言能力。而在目前基础教育已经普及多年的情况下，汉语言能力对于许多 30 岁以下的年轻人而言基本不是问题，最大的问题在于专业技能缺乏，这已经成为限制农牧民转移就业的最大制约因素。

这些年南木林县为了提高农牧民就业人员的基本素质和能力，逐步实现劳动者从数量就业到素质就业，南木林县劳动和社会保障局在农牧民技能培训方面不断加大力度。培训内容包括经济作物种植、石料开采、绘画、计算机操作等各种技能，仅 2011 年前半年就培训了近 600 名，且培训期长达 180 天，培训内容除了比较完备细致的技能培训外，还包括学习市场营销常识和有关劳动法律、法规政策。怎样根据市场需求配置各类资源；怎样让资源转变为经济效益；外出务工或他人提供劳务时怎样签订劳动合同等维护自身合法权益的有关法律、法规知识等。这样的培训班，每年都在举办，深得农牧民的欢迎。

[①] 梅尔文·戈尔斯坦、杰夫尔兹等：《西藏农民的新变化：农民"出门挣钱"》，《藏事译丛》(39)，中国教学研究中心内部资料，2009，第 148 页。

除了有规模、有系统的培训之外，南木林县劳动和社会保障局还针对某些工程做一些短期培训，为农牧民提供务工机会。自2005年以来，艾玛乡就基本实现了每年600人左右的各类技能培训目标，而2010年11月1日至2010年12月15日为修建拉日铁路的农牧民进行职业技能培训，共培训了建设人员4620名。夏嘎村支部书记次仁顿珠说：

　　　　不仅在县附近培训，我们村2009年派了十几个人去内地学习厨师，还有5个人去学习电脑，这些人到现在还学呢，都是县里给的培训机会和费用。①

　　拉布村村民扎西俊美（男，22岁）在南木林县劳动保障部门参加了3个月的翻斗车司机培训。培训费只有100元。培训之后他在南木林县境内承揽建筑工程，每年收入3万元左右，这比一般外出务工收入还多。

　　艾玛乡2007年在自治区农牧厅和县农牧局的帮助下，大力对农牧民进行科技培训，先后举办各种技术培训班8期，参加培训的党员累计达240人次。一方面，是特色产业方面的培训。把山巴、夏嘎和拉布村的6700亩马铃薯标准化生产基地作为示范项目，邀请自治区农牧厅5名科技人员现场培训农民达200多人次，进行科技指导服务，为提高马铃薯标准化生产示范项目建设提供了有力的科技支撑。另一

---

① 引自2011年笔者调研笔记。

西藏农区民生事业五十年

方面,自治区农牧厅和县农牧局向艾玛乡农牧民赠送了价值近千元的藏汉双语的《农业实用技术手册》《教你学技术》等书籍,带动了农牧民学习技术的积极性,使农牧民掌握了多项农业技术,培养了更多的乡土人才,增加了农牧民的收入。

第五节　教育救助

为了使贫困生充分享有受教育的权利,西藏自治区自"十一五"以来,实施《西藏自治区高校特困生资助金管理办法》,向高校特困生提供一次性资助金。对于区内的农牧民特困家庭(农村低保)学生、城镇低保家庭学生、国企特困家庭学生,考入区内、区外高校的大学本专科学生进行救助。救助金标准为:考入区外重点本科生资助5000元,一般高校本、专科生资助4000元;考入区内高等院校本专科生资助1000元。同时,受资助的特困生仍然可以按有关规定享受国家现行的学杂费减免、助学金、奖学金、国家助学贷款等政策。

高校特困生申请资助时,需持"五证"办理审批程序。凡考入区外高校的农牧民特困家庭(农村低保)学生、城镇低保家庭学生,持身份证、准考证、学校录取通知书、乡(镇)人民政府(街道办事处)出具的证明、低保证,由县(市、区)民政部门逐级审核,集体办理,最后报自治区民政厅、教育厅审定批准;凡考入区内高校的农牧民特困家庭

第四章 教育事业五十年比较研究

（农村低保）学生、城镇低保家庭学生，持身份证、准考证、学校录取通知书、乡（镇）人民政府（街道办事处）出具的证明、低保证，经学生本人原籍县级民政部门审核，由各学校集中审核、公示、确认，并报自治区教育厅审定批准。凡考入区外高校的国企特困家庭学生，持身份证、准考证、学校录取通知书、学生父母所在单位出具的证明、低保证，经地（市）工会、产业工会、自治区总工会审核后，报自治区教育厅批准；凡考入区内高校的国企特困家庭学生，持身份证、准考证、学校录取通知书、学生父母所在单位出具的证明、低保证，经地（市）工会、产业工会审核后，各学校集中审核、公示、确认，并报自治区教育厅批准。

南木林县目前每年用于大学生的救助金约4万元，以解学生的燃眉之急。不仅对于大学生进行救助，同时，那些在读小学期间的困难家庭或者学生，根据实际情况，艾玛乡也能实施比较完备的救助。

第六节　小结

通过对艾玛乡实地的田野调查可以发现，经过50多年的努力，西藏现代教育事业得到全面发展，人民的文化教育水平不断提高。旧西藏没有一所现代意义上的学校，适龄儿童入学率不足2%，文盲率高达95%。为了改变这一局面，国家投入大量资金发展西藏教育事业，使西藏在全国率先实现了城乡义务教育。从1985年开始，在农牧区实行以寄宿制为主的中小学校办学模式,并对义务教育阶段的农牧民子女实行"包吃、包住、包学习费用"的"三包"政策。2008年,西藏73个县(市、区)已全部实现普及六年义务教育和基本扫除文盲,其中70个县完成普及九年义务教育,文盲率下降到2.4%。小学学龄儿童入学率达到98.5%,初中入学率达到92.2%,高中入学率达到51.2%。据统计,西藏现有小学884所、普通中学117所、教学点1237个。2008年,西藏人均受教育年限已达6.3年。2008年,西藏有本专科院校6所,在校学生近3万人,高等教育入学率已达19.7%。还有中等专(职)业学校10所,在校生2.1万人。20多年来,全国先后有20个省、直辖市的28所学校开办内地西藏班(校),有58所内地重点高中、120多所高等学校招收西藏班学生,累计招收初中生36727人,高中(中专)生30370人,高校本专科生1.2万余人,为西藏培养输送了1.8万余名各级各类建设人才。西藏现代科学技术迅速发展,科技队伍不断壮大,2007年各类专业技术人员达到46508人,其中,以藏族为主的少数民族技术人员达到31487人。这些接受了现代教育的各类人才成为推动西藏经济社会发展的重要力量。

在看到这些成绩的同时,我们也不能回避目前在民族地区义务教育中存在的一些问题。义务教育是国家教育的基础,同时也是提升国民素质的关键。在我国多民族共同发展的现状下,民族教育承担着培养国家认同、传承民族文化、培养民族精英等重要功能。目前我国民族教育实现了长足的发展，但也存在许多问题：首先是民族地区教育整体水平与经济发达地区的差距还较大；其次便是民族地区内部教育条件差异较大。造成这种困境的原因既有民族地区历史经济状况的特殊原因，也包含中国近些年教育体系的整体困境，例如学校建设的不完善，规划不科学；课程设置齐全，但是缺乏专业的高素质教师；教师整体待遇差，教学点教学资源匮乏；双语教学的问题；家庭教育和社区教育缺失的问题等，因此只有在今后教育改革中充分关注到这些问题，采取切实的解决办法，才能真正实现西藏教育的稳定发展。

第五章　基本医疗保障与医疗服务水平五十年比较研究

按照世界卫生组织（WHO）的定义，"基本医疗保障"，是指覆盖全部人口的医疗保险和针对特殊群体的医疗救助活动，不包括补充医疗保险和商业医疗保险。"基本医疗服务"，是指在医院进行的针对个人开展的有关常见病、多发病的诊治活动，不包括重大、疑难病症的诊治和个性化的特殊医疗服务。西藏农村基本医疗保障和医疗服务是在自治区统一实施的医疗政策下开展的。

西藏自治区长期以来一直实行免费医疗制度，该制度的建立和发展，为保障广大农牧民群众的健康发挥了重要作用。从1997年下半年开始，西藏自治区根据农牧区实际情况开展农村合作医疗试点工作，提出了在免费医疗框架下建立合作医疗制度的设想。1998年，通过试点提出在全区建立农村合作医疗制度的基本原则及实施办法，并于1998年和1999年分别在江孜和林芝召开合作医疗试点工作现场会。

第五章
基本医疗保障与医疗服务水平五十年比较研究

此后,西藏自治区各级地方政府开始实施以农村合作医疗为模式的公共医疗服务。同时,以基层卫生三级网络建设为抓手(三级网络指县级、乡级、村级医疗机构)的国家卫生体制改革制度也在稳步实施,以此积极建设基本医疗卫生制度,加快发展农村医疗卫生服务,努力实现人人享有基本医疗卫生服务的战略目标。

本章通过对艾玛乡医疗服务水平和农牧民目前享有的基本医疗保障调研,详细了解目前西藏自治区农牧民所享有的基本医疗保障和医疗服务水平,农牧民的满意度以及有关农村合作医疗在政策实施过程中的成功经验或不足之处,同时也以1960年的调研为比照,进行相关内容的比较研究。

第一节 既有研究回顾

医疗服务和医疗保障是公共医疗卫生领域的主要内容,既有研究大致可以分为如下类别:一种是成就型研究。这类研究以西藏公共医疗卫生的发展历程为主要研究内容,重点突出西藏和平解放后公共医疗卫生事业中取得的成就。例如《西藏卫生事业的发展》《和平解放以来西藏卫生事业发展的成就》[1]《辉煌的二十世纪新中国大纪录——西藏卷》[2]

---

[1] 徐正福:《和平解放以来西藏卫生事业发展的成就》,《西藏科技》1999年第3期。

[2] 江村罗布主编《辉煌的二十世纪新中国大纪录——西藏卷》,红旗出版社,1999。

中有关公共医疗卫生的部分。之后，大部分成就型研究基本内容和主旨是沿着这种模式进行的。这些研究对农牧区医疗卫生发展研究更注重宏观把握，较少微观观照，但是其对于西藏医疗卫生事业发展的历史脉络清晰，给现实研究提供了较好的资料保障和观照维度。

第二种是政策型研究。此类研究的对象和内容多数集中在卫生机构负责人和较大的医疗机构，目的是厘清国家在西藏自治区的医疗卫生政策及其实施过程和变化。比较有代表性的调研报告是由清华大学登山队科学考察分队于2003年完成的《西藏医疗卫生事业考察报告》[①]，这份考察报告详细地调查了2000年之前西藏自治区各级医疗机构生存状况和当时医疗政策中存在的问题，调查内容涵盖了医疗、防疫、妇幼保健、藏医药发展等公共医疗卫生各个方面，访谈了部分卫生局、医院和妇幼保健以及防疫部门的负责人，也有对少数基层医疗卫生人员的访谈。

第三种是以经济学为主要研究内容，涉及西藏公共服务供给的论文，也对公共医疗卫生的某个方面的问题有过例证式的研究，例如《追述西藏共享性发展方式的轨迹——以公共医疗卫生为例》[②]。

第四种是专题性研究。这类研究旨在对西藏公共医疗卫

---

① 清华大学登山队科学考察分队：《西藏医疗卫生事业考察报告》，www.da88.com/p-01272634189.Html，2003。
② 李中锋：《追述西藏共享型发展方式的轨迹：以公共医疗卫生为例》，《中国藏学》2011年第2期。

第五章
基本医疗保障与医疗服务水平五十年比较研究

生领域内某个专题进行研究，比如《市场化与基层公共服务——西藏案例研究》①中有关农牧民人口健康风险和健康服务问题。此文针对西藏农牧民人口健康风险和健康服务进行了比较全面的研究，特别是有关农牧区基层医疗服务内容，很多政策建议具有前瞻性，并在西藏自治区目前的乡村医疗服务中有所体现。比如建议中提到的"扩展和加固农牧区卫生服务网络"，在每个村庄"培养至少1名兼职卫生员"的建议。专题型研究还包括了大量有关西藏妇女儿童的专项研究，这类研究多由相关医疗疾病防控中心或者医疗机构实施，通过大量采集个体样本分析西藏目前妇女生理卫生和儿童健康状况。例如《西藏农村妇女与城镇女职工妇科B超检查对比分析》②《西藏农村地区3岁以下儿童贫血影响因素分析》③，等等。

国外有关西藏农牧区公共医疗卫生研究多数集中在某个专题，从一个微观问题来透视宏观社会。这方面的研究有《西藏农村地区的生育与节育》④《国际非政府组织拉萨、日

---

① 王洛林、朱玲主编《市场化与基层公共服务——西藏案例研究》，民族出版社，2005。
② 苏冬梅、旦达次仁：《西藏农村妇女与城镇女职工妇科B超检查对比分析》，《西藏医药杂志》2009年第1期。
③ 崔颖、杨丽、赵艳霞、巫琦：《西藏农村地区3岁以下儿童贫血影响因素分析》，《中国公共卫生》2008年第11期。
④ 梅尔文·戈尔斯坦、班觉等：《西藏农村地区的生育与节育》，中国藏学研究中心内部资料，2005，第305页。

西藏农区民生事业五十年

喀则地区传染病调查报告》① 等。

在以上这些研究中，我们可以看到西藏自治区公共医疗卫生服务的政策走向，和这些政策实施后在医疗卫生各个领域带来的骄人成就。但是，涉及农牧区基本医疗保障和医疗服务水平的研究并不多。有些虽然涉及了，也发现了问题并提出了有针对性的政策建议，但是在政策的实际运行中，也有一些不符合客观实际的情况。同时，由于国家对西藏投入的资金逐年加大，医疗服务政策经常推陈出新，所以，对农牧区当前的医疗保障和医疗服务水平进行现状研究就具有比较重要的现实意义。

第二节　南木林县乡医疗卫生发展历史概述

西藏和平解放前，不要说艾玛乡，即便是作为一个宗的南木林也无正规医疗机构。在附近的寺庙仅有的几位藏医也主要是为少数贵族服务的。

西藏和平解放后，1960年2月，南木林县卫生所成立，1965年县卫生院成立。1961年4月至1965年12月，县里共有4名医生，2藏2汉。1966年4月，县卫生院藏汉医生各增1名，共有6名医生。1977年，县医务人员发展到12人，其中藏族8人，汉族4人，配置床位6张。1979年，南

---

① 《国际非政府组织拉萨、日喀则地区传染病调查报告》，中日学者研究中心内部资料，2005，第500页。

第五章
基本医疗保障与医疗服务水平五十年比较研究

木林县卫生院更名为南木林县人民医院，县卫生技术人员增加到 27 名，病床增至 12 张。随着医疗卫生事业的进一步发展，各级医疗卫生网络逐步形成和得到加强，人民群众就医条件得到了改善，医务人员医技水平得到了提高，医疗卫生队伍逐渐充实壮大，各种传染病、地方病得到有效控制，常见病、多发病得到及时有效的治疗。

改革开放后，1987 年县人民医院卫生技术人员又增加 4 名，共 31 名，其中西医 17 名（主治医师 2 名），藏医 3 名，护士 5 名，检验师 2 名，药剂师 2 名，放射师 1 名，麻醉师 1 名；床位在 1979 年的基础上又增加了 11 张，达到 23 张。1995 年，县卫生技术人员增加到 39 名，床位增至 25 张，县医院开设科室有内科、外科、妇科、儿科、检验科、放射科等。1996 年，县卫生局、计生办、县医院、县防疫站、县妇幼保健站本着分工不分家的原则一起办公。县卫生技术人员发展到 41 名，增设科室有五官科、藏医科、手术室、B 超室、心电图室、护理科、药剂科等，配置了 B 超机 1 部、心电图机 2 台并投入使用。1996 年 10 月，南木林县人民医院达到一级甲等医院评审标准。

乡村卫生机构也在和平解放后逐渐发展起来。1964 年，南木林县卫生院培养了 40 名乡（村）卫生员为乡村农牧民开展医疗服务，1966 年增至 74 名乡村卫生员。在"文化大革命"前夕，有多名卫生员陆续改行和辞职，只剩下 2 名继续从事卫生工作。1978 年，47 个公社建成了卫生室，加上 9 个区的卫生所，共有在编人员 20 名，赤脚医生 27 名，公社卫生员 79 名，另建艾玛和邬郁 2 个重点区卫生所。1988 年撤区并乡后，日喀则地区卫生部门拨款 17.2 万元购买医疗器械设备，并将部分设备及时发到乡卫生所，同时对卫生人员进行了调整，其中 29 名老卫生员自行解聘，聘用 27 名热爱本专业的卫生人员从事医疗卫生服务工作。1995 年，乡村医务人员发展到 56 名（聘用人员 35 名，村医 7 名，正式医务人员 14 名），配置乡卫生院床位共 19 张。截至 2000 年，乡村医生发展到 77 名（包括正式和聘用），村卫生室发展到 20 个，各乡卫生院均能利用乡政府农用电话及时开展疫情监测和上报工作，防止疫情扩散、蔓延。

到 2000 年底，全县医疗卫生机构发展到 19 所，其中乡卫生院 16 所（15 所为独门独院），县人民医院 1 所，县卫生防疫站 1 所，县妇幼保健院 1 所。卫生技术人员发展到 93 名，其中，本科以上学历者 2 名，大专学历者 4 名，中专学历者 31 名，中专以下学历者 56 名。

截至 2010 年，南木林县 1 镇 16 乡 146 个行政村，共有 1 家一级甲等医院（包括县妇幼保健站）、1 家疾控中心、17 所乡卫生院，县医院编制为 66 人，现有 37 名卫生技术人员，其中本科学历者 11 名、大专学历者 8 名、中专学历者 18 名；现有床位 42 张，县医院标准化建设完成后，根据要求每千人必须拥有 1 张床位计算，县医院需要有 80 张床位。

艾玛乡卫生院建于 2003 年，建筑面积 275.53 平方米，投资金额 40 万元。截至 2010 年，有 5 名医务人员，其中正式工 1 名，聘用 4 名。全科医生 4 名（含卫生院院长），除

第五章 基本医疗保障与医疗服务水平五十年比较研究

了1位医生是毕业于医学专业之外，其余均来自赤脚医生，属于公益性岗位。①

第三节 艾玛乡的基本医疗保障水平现状

西藏自治区农牧区合作医疗制度是以政府为主导，政府、集体和个人多方筹资，以家庭账户和大病统筹为主的农牧民基本医疗保障制度。农牧区医疗制度深受广大农牧民群众的欢迎，使广大农牧民享有基本医疗卫生保障。至2010年，"农牧区医疗制度已覆盖全区所有农牧民，参加个人筹资的农牧民占全区农牧民总数的96.74%，农牧区医疗制度统筹基金最高支付限额已提高到农牧民人均纯收入的6倍以上"。②

（一）基本医疗保障发展历程

1999年南木林县开始在3个乡范围内进行试点合作医

---

① 劳动保障部《关于开展下岗失业人员再就业统计的通知》（劳社厅发〔2003〕4号）对公益性岗位的解释为："主要由政府出资扶持或社会筹集资金开发的，符合公共利益的管理和服务类岗位。"从地方的情况看，对公益性岗位范围规定不一，大致分为政府出资，政府、社会、消费者共同出资，企业出资等形式产生的以安置大龄下岗失业人员为主的岗位。概括起来有三类：一是社区管理岗位，包括社区劳动保障协管员、交通执勤、市场管理、环境管理、物业管理等。二是社区服务岗位，包括社区保安、卫生保洁、环境绿化、停车场管理、公用设施维护、报刊亭、电话亭、社区文化、教育体育、保健、托老、托幼服务等。三是社区内单位的后勤岗位，包括机关事业单位的门卫、收发、后勤服务等临时用工岗位。
② 见2011年6月16日中国西藏新闻网《西藏将为农牧民人均投保10元参加商业保险》。

疗工作，艾玛乡便是其中之一。2000年开始在全县范围内进行推广，2000~2003年是乡办乡管的合作医疗管理模式，当时国家和自治区对合作医疗个人补贴人均40元，在此基础上各乡制定了不同程度的筹资比例，此模式被称作旧的合作医疗模式。

2003年底结束了旧的模式并根据西藏自治区有关合作医疗精神，南木林县的农牧区合作医疗实行由县统一管理的新模式。新的农牧合作医疗制度对医疗资金实行了国家、自治区、县和个人共同筹集资金的方式，筹集渠道包括国家对每人补贴15元、自治区对每人补贴10元、地区（市）对每人补贴3元、本县对每人补贴2元、西部补贴10元、个人筹资10元，共计50元。其中总资金的60%为个人家庭账户基金；35%为大病统筹基金；5%为救助基金。根据以上的资金分配方式设立了专户账。60%的资金每年需要进行下乡划入个人家庭账户中，用于广大农牧民在门诊看病核销，农牧民门诊看病得到了保障。35%的大病统筹基金用于农牧民住院发生费用的补偿，报销封顶线为3000元。5%的救助基金用于贫困户、特困户，以及发生重症病人个人自理的费用过高的情况下，根据实际情况给予救助。

2010年，南木林县合作医疗应参加人数为76365人，实际参加人数76138人，人参率达99.7%，应参户12429户，实参户12309户，户参率达99%。以新型合作医疗制度为基础的农牧民医疗保障制度已经覆盖了所有的农牧区。2011年全县人参率达99.8%，户参率达99.7%。

（二）基本医疗保障水平现状

2007年西藏自治区人民政府颁布《西藏自治区农牧区医疗管理暂行办法》。根据"暂行办法"和地区实施意见，南木林县医疗保障基金按照之前的运行情况，划分为家庭账户、大病统筹、医疗风险基金和医疗救助基金四大块（见图5-1）。

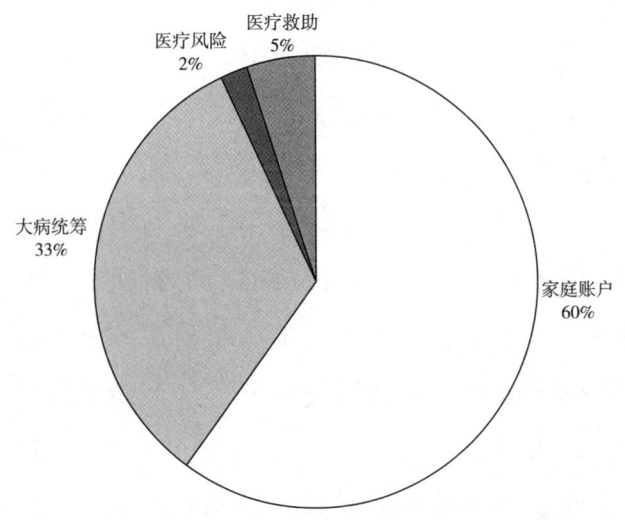

图5-1 医疗保障基金分配情况

其基金结合南木林县实际划分比例为：家庭账户基金占总基金的60%，主要用于农牧民门诊医疗和健康体检费用补偿；大病统筹基金占33%，主要用于农牧民住院医疗补偿；医疗风险基金占2%，但风险基金的规模应保持在年筹资总额的10%左右，达到规定的规模后不再继续提取；医疗救助基金占5%，其大病统筹、家庭账户基金与风险基金由县医管办统一管理，医疗救助金由县医管办划拨到县民政行政管理部门管理。凡是农牧民在乡级住院就诊，95%报销；住县级院就诊，90%报销；到地市以上，包括到内地就诊报销80%。报销的封顶线由2010年的2万元提高到2011年的5万元，个人医疗账户的国家补贴由165元提高至现在的225元，总的合作医疗账户资金达到260元。在国家医疗补贴大幅提高的同时，自治区、地区（市）和县政府的补贴不做调整，以免增加地方财政负担。农牧区医疗基金实行分类记账、按类结算，结余结转下年继续使用，基金管理能够做到专项管理、专款专用、设立专用账户、专户储存。因大病引起大额医疗费用，影响家庭生活的在封顶线内按规定报销外，由县民政部门实行医疗救助，另外在地（市）以上需要住院者无能力垫付医疗押金及治疗费时，在乡政府出示证据担保情况下，从大病统筹基金中预借，以防止出现因病致贫、因病返贫的现象。总的来看，21世纪以来，中央政府的财政补贴和农牧民的就医报销比例都大幅提高（见图5-2、图5-3）。

2007年之后，全县实行门诊权限统一管理，实行门诊费用核销制。农牧民可以在县域范围内自愿选择医院就诊，门诊费用由施诊单位垫付，农牧民不需支付现金，就诊后农牧民凭借就诊票据到县卫生局核销。

此外，针对农牧民孕产妇在各级医疗机构住院分娩所发生的医疗费，凭家庭账户本和医疗费用有效票据，在大病统

第五章 基本医疗保障与医疗服务水平五十年比较研究

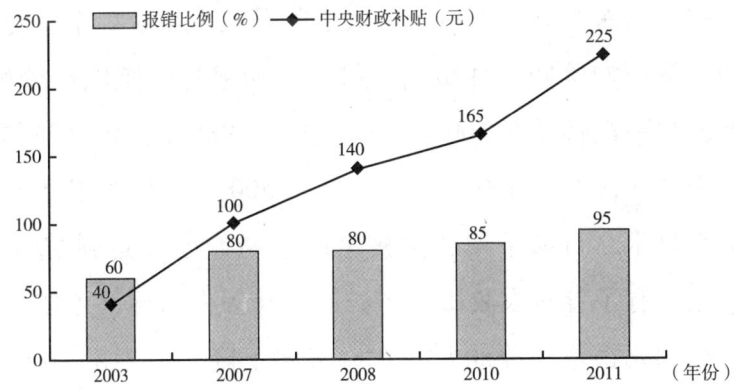

图 5-2 2003~2011 年中央财政补贴和报销比例

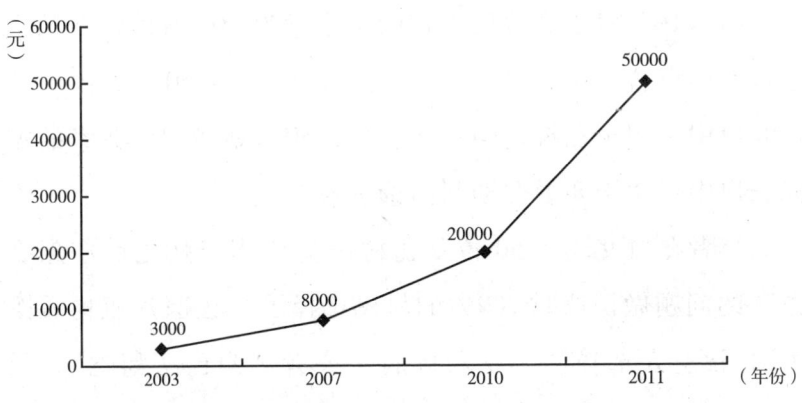

图 5-3 2003~2011 年最高报销限额

筹金中按自治区卫生行政部门制定的限价标准报销。农牧民孕产妇在家庭接受新法接生的费用凭有效票据在大病统筹金中报销。孕产妇住院分娩继续实行奖励政策。凡农牧民孕产妇在各级医疗机构住院分娩的，一次性奖励孕产妇30元，奖励护送者20元。奖励经费和医疗费用一并支出。孕产妇如因难产，在乡、县医疗机构不能处理，而急需转院的，其运送费，县医管办根据患者的家庭状况在大病统筹金中与医药费、孕产妇奖励一并报销。另外，如果是住院顺产分娩，非贫困户一次性补贴100元，难产补贴300元；如果是贫困户顺产，一次补贴300元，难产补贴500元。据县卫生局统计资料显示，目前采用新法接生的孕产妇已经达到90%以上。正是有了针对农牧民孕产妇的特殊医保措施，才使得西藏孕产妇死亡率和婴幼儿死亡率大幅下降，分别由2000年的561.80/10万和28.14‰下降到2010年的390.32/10万和9.92‰。

南木林县对于农牧区在校的中小学生的门诊医疗费用也进行专门设置。当年个人享受的家庭账户的50%划拨到学校账户中，用于在校期间门诊看病；50%划拨到所在家的家庭账户中，用于寒暑假期间门诊看病。

笔者在对艾玛乡50位受访村民就"当患病之后您怎么办"的问题做访谈时100%的村民选择了"去医疗机构看医生"，没有人选择"不吃药抗病"或者"自己买药吃"，只有个别年长的村民同时选择了"看医生"和"请僧人"或者"请巫师"，这说明村民们就医观念已经发生了很大改变。促使他们观念改变的原因一方面是西藏自治区近年来在科学医疗知识宣传方面所做的努力，更重要的是比较完善的医疗保障体制。但是我们在调研中也发现，在对村民"你是否担心自己的医疗问题"做问卷调查时，虽然接近70%的村民表示根本不担心自己的医疗问题，却也出现了27%的村民不同程度地担心自己的医疗问题（见表5-1）。

第五章
基本医疗保障与医疗服务水平五十年比较研究

表 5-1 对村民是否担心自己医疗问题的调查

选项	根本不担心	很少担心	有点担心	比较担心	非常担心
比例(%)	69	4	14	9	4

资料来源：2011 年调研资料。

从对医疗费用的支出情况评价看，92%的村民认为在正常范围之内（见表 5-2），有 8%的村民认为医疗费用支出偏高，所以，这其中一部分村民应该还是担心医疗费用高的问题。但是在笔者的访谈过程中，除了对医疗服务水平提出较多的意见外，很少有人对现在的医疗保障资金不满意的，正如艾玛乡拉布村的村民赤烈（男，43 岁）所言："医疗费用不担心，就算是有大病了，到上级医院也有报销。一点也不担心，挺好的。"① 县卫生局的负责人也表示："现在上面的政策是相当好的，我们也很好执行，农牧民基本都很满意。"② 在入村调研期间很少能听到村民反映在内地出现的"看病难、看病贵"的现象。在回答"你认为看病难在何处"的问题时，65%的村民认为是医院数量少，只有 4%的村民选择了诊疗费用高。剩下问题基本集中在"看大病难""住院费需要提前支付"和"候诊时间过长"等方面。可以说，尽管有些村民表示了担心自己的医疗问题，可就调研情况看，目前西藏自治区的医疗保障水平还是得到了绝大多数

---

① 引自笔者 2011 年 8 月 19 日在艾玛乡医院的访谈资料。
② 引自 2011 年 8 月 15 日对南木林县卫生局负责人的访谈资料。

西藏农区民生事业五十年

村民的认可。这也表明,经过10多年的发展,西藏自治区农村医疗保障水平已经构建起了一套比较完善的制度保障。

表5-2 村民对现阶段医疗费用支出水平评价

选项	很高	高	正常	较低	很低
比例(%)	4	4	79	13	0

资料来源：2011年调研资料。

第四节 当前艾玛乡医疗服务水平

西藏自治区本着"加快发展医疗卫生事业,让各族群众少得病,看得起病,看得好病"和"提高人民群众健康素质"的发展目标,一直把改善农牧民基本医疗卫生服务条件和卫生服务体系建设作为医疗工作的重要内容。"十一五"以来,国家安排西藏农牧区卫生基础设施建设资金12亿多元,先后对72个县卫生服务中心和683个乡(镇)卫生院业务用房进行了改扩建或新建,还新建或改扩建了20个县藏医医院。国家和自治区投入专项资金,为74个县配备了农牧区巡回医疗车,为602个乡(镇)卫生院配备了流动服务车。① 同时,自治区政府为5261个行政村配备了乡村医生5323名,平均每个行政村达到1.01名,较2005年底西藏乡村医生人数增加了2871名。正是在这些资金和

---

① http://news.xinhuanet.com/politics/2011-04/13/c_121298306.htm。

178

政策的保障下，南木林县农牧区的医疗卫生服务水平也得到大幅提高。

（一）机构和人员

根据西藏自治区要求，自 2010 年开始，每个行政村都要配备 2 名村医，截至 2011 年 8 月，南木林县 125 个行政村配备了村医和医疗设备，村医和设备配置率达到 86%。为实现农村初级卫生保健奠定了基础，逐步实现小病不出村，大病不出县。进一步完善农牧区三级卫生服务网络，能够为农牧民提供更好的基本医疗服务。

至 2011 年 8 月，艾玛乡下辖的 13 个行政村配备了村医，其中 2 个村各配备了 2 名村医，9 个村卫生室配备了设备，其中 11 个村有专门的卫生室。村医全部是本村或者相邻村招聘的初高中毕业生。

村医招聘之后，首先要在日喀则卫生局参加基层医务人员培训 6 个月，理论学习结束后在县人民医院进行临床培训 2 个月，然后在该乡卫生院里临床培训 1 个月，让他们掌握基本的常见病和多发病的诊疗技术后方可在该村开展医疗服务。

个案一

（次仁卓嘎：艾玛乡阿荣村村医，18 岁，德村人）

我初中毕业，没考上高中。去年（2010 年）开始学习，今年开始培训。先是在日喀则师范学校职业学校培训，主要是配药，培训治疗感冒、拉肚子等常见病，不能打针、输液。学校培训后，乡里考核，县卫生局发了一个职业资格证，资格证现在还没有发下来，要培训完了才发证。

和次仁卓嘎一样，其他的村医都来自艾玛乡各个村。据县卫生局负责人介绍，在招聘条件中很重要的是应聘的村医家庭没有负担，不需要照顾父母，也不需要参加劳动。被录用的村医，每年要培训3个月，连续培训3年，共9个月。培训内容包括：发烧、外科、解剖、内科、药理、接生等，属于一个全科知识培训。

在笔者访谈的10名村医中，全部为初中或初中以下学历，只接受过3个月简单的医疗知识培训。对于一门专业性要求非常高的行业，仅仅依靠3个月左右的培训很难为村民提供具有一定水准和安全的医疗服务。正是因为村级卫生室还不能提供有效的医疗服务，村民无论是大病还是小病大部分都会选择到上一级或更好的医疗机构就诊（见表5-3）。

表5-3 艾玛乡50位村民就医机构选择情况调查

单位：个、%

医疗机构	私人门诊	村卫生室	乡卫生院	县医院	地区医院	藏医院
人数（个）	8	14	46	9	5	2
比例（%）	16	28	92	18	10	4

资料来源：2011年调查资料。

调查表显示，在就医机构选择上，92%的村民首先选择去乡卫生院就诊。选择到村卫生室就诊人数比例为28%。

就此问题笔者访谈了艾玛乡卫生院医生贡觉卓玛（女，27岁，2007年护士本科毕业到艾玛乡卫生院做全科医生），她说："大部分村民得病都来乡里看，村医只能开点药治疗感冒、腹泻。没什么太大用处，有点走形式。老百姓都不愿意看村医，觉得村医差，不相信村医。"[①]

由此可见，目前村民对村卫生室的认可度很低，治疗的疾病也仅限于感冒和腹泻这些常见病。不过从调查结果看，村卫生室的设立也分担了乡卫生院的医疗压力。关键问题是医疗服务的人才建设才是最重要的，也是最终解决偏远农牧区就医问题的关键环节。

（二）医疗设施设备

加强基层医疗单位的硬件设施是更好地为农牧民进行医疗服务的必要条件。近几年，中央及自治区政府加大了对农村卫生基础设施建设的投资，南木林县基层医疗卫生服务能力得到了较大提升。以南木林县医院为例，2009年有床位42张，县医院标准化建设完成后，根据要求每千人必须拥有1张床位计算，县医院需要有80张床位。2010年国家投资1285万元完成县卫生服务中心标准化建设项目，包括住院楼、医技楼、藏医楼，共有建筑面积4032.31平方米。同时，还分批进行乡卫生院的建设。根据行署和地区卫生局要求2008～2010年完成80%的乡镇卫生院规范化建设，南木

---

① 引自2011年8月17日笔者访谈资料。

林县在原有的9个乡镇卫生院的基础上，于2010年对热当、拉布普、达纳、土布加乡卫生院进行规范管理和硬化、绿化建设，共投资6万元。2010年甲措乡和达孜乡中心卫生院改扩建规模400平方米。2010年县政府统一采购了产房设备共计20万元，包括取暖设备、产房技术设备、计生服务操作台等，并于2010年7月发放给各乡镇卫生院，尽力满足县基层妇幼保健、产科急救等基本医疗服务的需求。尽管国家、自治区政府以及地方各级政府十分重视基层医疗服务机构的硬件设施配置，但是，由于基础薄弱，地域广阔，笔者在调研期间发现，基层医疗设备仍然比较简陋。

目前，艾玛乡各行政村的卫生室全部是在村委会现有的办公房中解决。一般的做法是在3间村委会办公室中单独留出一间作为卫生室，基本在10～15平方米之间，这实在无法满足卫生院要求的"三室一房"（注射室、观察室、处置室、药房）的标准。村卫生室设备非常简陋，除了必备的桌椅之外，具有医疗功能的是听诊器和血压计。以阿荣村卫生室为例，卫生室、厨房、会诊室、医务人员休息室加起来16平方米。用于开展医疗的设施包括血压计1台、听诊器1个、桌子1张、文件柜1个、凳子1把、病床1张、药包1个。其余如德庆、夏噶、山巴、松东、恰热村等情况基本类似。在笔者走访的卫生室中，由于长期没有病人就诊，大部分几乎处于停顿状态。

乡卫生院在硬件设施方面也需要加大建设力度。艾玛乡卫生院至今没有接收住院病人的条件，也没有化验室、B超

第五章 基本医疗保障与医疗服务水平五十年比较研究

设备和检查肺结核等需要的放射设备,而血液化验通常是治疗感冒或者其他常见病的主要手段,拍摄 X 光片也是治疗肺结核等呼吸系统疾病的必要手段。即便是南木林镇,也仅有一些基本的医疗设备(见表5-4)。

表5-4 南木林镇卫生院医疗设备一览

设备名称	单位	数量	设备名称	单位	数量
诊断桌	张	2	不锈钢泡镊桶	个	2
药品柜	台	2	不锈钢针剂柜	台	1
血压计	个	1	体温表	个	5
双用听诊器	个	1	三连式铁制候诊椅	排	2
不锈钢压舌板	个	10	不锈钢保温桶	个	1
不锈钢酒精缸	个	2	担架	付	1
不锈钢医用储槽	个	2	脸盆	个	2
不锈钢有盖方盘	个	2	水桶	个	2
污物桶	个	2			

资料来源:2011年调研资料。

在对10位村医的访谈中,回答"农村医疗卫生资源严重不足的表现"的有关问题时,他们全部选择了"条件差""设备少"。可以说,对于年轻、缺乏医疗知识并不具备医疗经验的村医而言,简陋的医疗条件和医疗设备使他们本来有限的服务水平更加难以达到村民的要求,也更难保证安全有效的医疗服务。

(三)基本医疗服务

据南木林县卫生局统计,2010年县各级医疗机构门诊

西藏农区民生事业五十年

急诊病人总数为187848人次,平均日门诊量522人、住院病人数为2207人次。门诊人数中西医门诊接诊176410人次,藏医门诊接诊11438人次。其中,妇产科门诊总数4899人次,全县住院分娩1644人。这里乡镇卫生院是农村防病治病、农民看病就医的重要场所。日常主要的医疗服务包括以下几个方面。

(1)常规的看病就医,如挂号、看病、发药、打针、观察、输液、出诊、门诊登记、正规处方的书写、标准划价、及时书写住院病人的住院记录、换药登记、拔牙登记、肌肉注射、静脉注射等。

(2)统计合作医疗运行情况。乡镇卫生院每天要统计日门诊人数、日发生的药费、治疗费等,统计金额同时从家庭账户中进行核销。

(3)妇幼、降消项目(降低孕产妇死亡和消除新生儿破伤风)的实施。

(4)计划免疫接种(包括强化免疫)。

(5)计划生育工作。

(6)农牧民健康体检。

(7)地方病防治。如碘盐监测、临床浮肿度和大骨节病调查。其中,主要工作是进行碘盐检测。每年从全县东西南北抽查400多户,还要检测各个学校的碘盐情况。2009年碘盐使用率只有40%左右,2011年已经达到90%以上。

(8)对妇女两大癌症(乳腺癌和宫颈癌)的筛选。南

第五章 基本医疗保障与医疗服务水平五十年比较研究

木林县是西藏自治区的试点,并要求每年要完成调查宫颈癌3000人、乳腺癌4000人。

在基本医疗服务中,艾玛乡卫生院和各个行政村卫生室承担了大量的医疗服务工作,除了常规的门诊治疗、疾病防控和计生工作之外,他们还承担着向县卫生局上报各种医疗卫生数据的职责。艾玛乡是全县人口大乡之一,而乡卫生院仅有5名医务工作人员,全部为全科医生,院长还是藏医并兼任医疗车司机。在调研中,一位医生说:"目前主要是医生太少,有时吃饭的时间都没有。"一名乡干部也反映了同样的问题,认为目前乡卫生院医生太少,完全不能满足村民就医需求。

第五节 基本结论、问题及对策

通过对西藏农牧区的医疗保障现状和医疗服务水平现状的调研及分析,我们可以得出如下简要结论。

(一)在中央和西藏自治区各级政府多年的努力下,西藏农牧区医疗制度健康运行,资金筹集额度及报销比例大幅度提高,基本医疗保障能力不断增强

调研期间,我们不仅就医疗保障政策和资金对村民和医生分别进行了问卷调查和个别访谈,同时也对南木林县卫生局和社会保障局的部分负责干部进行了访谈。他们普遍认为目前西藏农牧区的基本医疗保障,无论从农牧民合作医疗、大

病统筹,还是孕产妇医疗保障和新生儿的疫苗接种等各个方面,都有了比较完备的政策措施和资金保障,基层干部和村民们对政策的满意度都比较高。正如一位社会保障局的负责人所说:"现在的医保政策是真正的好政策,以前没有的时候,老百姓看不起病,生病了想去医院也去不了,家里没钱,现在的话,家里没钱可以先和我们这里预借。这个非常好,老百姓非常赞同。"①

(二)三级卫生服务体系基本形成,医疗设施逐年改善

调研结果显示,截至 2011 年,南木林县、乡(镇)、村三级医疗服务网络基本形成,也在逐年加大硬件设施的投入。截至 2010 年,西藏农村每千人拥有床位 2.51 张(全国 2.44 张/千人),西藏乡镇每千人有 1.23 张床位,高于国家对乡镇卫生院每千人服务人口要设置 0.6~1.2 张床位的要求。

(三)医疗服务水平有待逐步提高,特别是要加快提高乡(镇)、村级医疗服务水平

西藏的基本医疗保障制度已经得到人们的认可。但是,政策和资金只是西藏基本医疗卫生服务的一部分,更重要的是还需要有较高的医疗服务水平。

---

① 笔者调研笔记。

第五章
基本医疗保障与医疗服务水平五十年比较研究

首先要加强对基层医疗服务人员的专业知识培训。在调研中，大部分医疗服务人员常年忙于工作，缺乏深造和提高专业水平的学习机会。例如艾玛乡的 5 名医护人员，每天要接诊大量患者，一年四季都处于高强度的工作状态下。长此下去，医务人员的水平也不能完全满足农牧民的就医需求。

其次要加强乡级医疗卫生院的硬件建设。随着农牧民健康意识的加强，有病及时医治逐渐成为农牧民的一种健康意识，但是正如我们之前的调研资料所显示的，艾玛乡卫生院还没有基本的化验设备。这种缺乏基本医疗设施的状况，无法有效满足医治需求。

最后要尽快为村级医疗卫生室配备基本的医疗设备和具有医疗资质的医务人员。以艾玛乡目前各村的卫生室为例，大部分还处于起步阶段，需进一步加强建设。截至 2011 年 8 月，南木林县大部分行政村已经配备了村医。虽然村医的配备从长远看无疑将有利于缓解乡镇、县级（医院）（卫生院）的医疗压力，同时也会有效缓解农牧区老百姓看病难的问题。由于在较短时间内招聘了大量的村医，也有短期的培训，但他们基本上只能处理感冒、腹泻等常见病。加之村医每月只有 200 元的工资，村卫生室条件又简陋，这样无法招聘到具有专业水平和从业经验的村医，这样的条件，在未来也很难留住具有一定医疗水平的医护人员。所以村医设置在很大程度上对于缓解村民就医困难的问题至少目前看意义并不大，使基层卫生工作面临着考验。

（四）适当调整三级卫生网络构建中存在的模式化问题

西藏地域辽阔，农牧民居住分散，交通、通信发展还相对不均衡。在医疗资源还极其紧缺的情况下，以一种模式化、一刀切的形式发展基层公共医疗卫生会造成资源配置不当，甚至浪费医疗资源。以艾玛乡为例，各行政村及下辖的自然村距离乡卫生院最远的21公里，最近的只有10公里。而随着现代交通条件的改善和农牧民家庭机械化水平的提高，每个家庭都有拖拉机或其他机械化交通工具，大部分村民就医都喜欢选择到乡卫生院进行治疗，所以，是不是每个行政村都要严格执行配备2名村医的标准值得思考。调查表明，一方面把距离乡卫生院比较近的村医指标和设备投入乡卫生院；另一方面在居住比较分散的自然村适当配置村级医疗服务，这种根据实际需要配备医疗资源，将更有利于基层农牧区医疗卫生事业的发展，也能更好地为农牧民进行医疗服务。

（五）在农牧民中加强健康知识和正确就医观念的宣传

从艾玛乡调研情况来看，目前最常见的地方病是肝炎和肺结核。据乡卫生院的医生诊断，大部分肝炎患者和长期过量饮酒有关。特别是在西藏农区，青稞酒是人们日常生活中重要的饮品。历史上，由于生产条件的限制，青稞酒的饮用数量少，对人们的健康并不构成威胁。而今天，由于青稞产

第五章
基本医疗保障与医疗服务水平五十年比较研究

量增加和老百姓生活的日益改善，青稞酒和其他酒精饮品已经成为很多村民经常要消费的产品，对农牧民健康造成很大危害。正如有的村民所言："现在人们生病的原因主要是吃坏的。啤酒、青稞酒喝得太多，长期这样就引起了各种病。"[①]

此外，就医观念中还存在两种问题，一种是生病之后不积极医治，比如扎康村的堆吉旺堆，2011年藏历3月17日得了中风，仅仅去过一次乡医院，病情稍微好转就不医治了，不是因为医疗费的问题，而是认为这种病看不好。乡卫生院的藏医说，因为他医治比较及时，只要坚持针灸和藏药综合治疗是可以治愈的。还有少部分人得了小病比如感冒、关节疼、拉肚子等不去医治，结果小病酿成大病。

另一种不正确的就医观念是用药不听医生嘱咐，这个问题集中表现在感冒等常见病的治疗上，据艾玛乡卫生院的医疗人员反映，大部分村民只要生病，即便是小感冒也要求输液。甚至是很小的小孩，父母也要求为孩子输液。如果医护人员不满足村民的要求，双方就会发生争执，甚至冲突。卫生院的医务人员说："因为输液对村民的抵抗力有很大的影响，比如治疗感冒所输药品基本是头孢，如果经常输液，人体抵抗力会下降。同时，输液费用也很贵，吃药的话只有1元挂号费，如果输液的话就要交20元的材料费。"[②]

---

① 笔者调研资料。
② 笔者调研资料。

西藏农区民生事业五十年

  如何对农牧民加大健康饮食和就医观念的宣传有时候比医疗本身还要重要。而直接面对村民的乡、村医护人员缺少时间和精力，同时，因为他们直接参与治疗，看似简化了的治疗方式容易引起村民的不信任。所以，如何借用媒体力量和其他方式来引导村民建立健康的饮食观念和正确的就医观念显得极其重要。

第六章　社会保障五十年比较研究

　　社会保障是指国家通过立法调动社会各方面资源，保证无收入、低收入以及遭受各种意外灾害的公民能够维持生存，保障劳动者在年老、失业、患病、工伤、生育时的基本生活不受影响，同时根据经济和社会发展状况，逐步增进公共福利水平，提高国民生活质量，因此也被称作经济发展的"推进器"，是维护百姓切身利益的"托底机制"，是维护社会安全的"稳定器"。社会保障作为一种国民收入再分配形式是通过一定的制度实现的，为满足社会成员的多层次需要，相应安排多层次的保障项目。一般来说，社会保障由社会保险、社会救济、社会福利、优抚安置等组成。

　　对于中国广大的农村而言，建立完善的社会保障制度是保障和改善民生，实现社会公平正义，维护社会稳定的重要手段。改革开放以来，我国农村社会保障的改革思路可以概括为：通过建立农村养老、农村医疗、农村最低生活保障等各项制度,保障农民的公民权利。西藏整体的社会保障政策与此基本一致,但是,作为一个高海拔、生存环境严酷,同时经济基础十分薄弱的区域,对生存在这里的农牧民给以更加完善和高水平的社会保障将对整个西藏的社会发展和稳定具有重要的作用。自西藏和平解放以来,经过60多年的发展,从无到有,从覆盖面窄、保障水平低到目前的全覆盖保障体系,逐年提高保障水平,西藏农牧区基本实现了"应扶尽扶,应保尽保"的社会保障体制。

本章主要研究内容是,通过对艾玛乡50年来社会保障事业的调查,研究西藏农村社会保障事业的发展历程,当前西藏农村社会保障事业的现状及今后的发展方向,西藏农村社会保障政策措施在具体执行过程中有哪些值得借鉴的经验或者其中存在的问题。

第一节　社会保障事业的发展历程

(一) 和平解放前后艾玛乡的社会保障模式

西藏和平解放以前,社会保障体系是依靠传统的家庭保障和社会救助,社会救助包括政府救助、僧团互助和民间组织互济。家庭保障和民间组织互助又构成了农牧区最基本、最重要的保障形式。对于一些大的灾难,主要还是西藏地方各级政权参与赈济。地方政府对基层社会只管理到"宗"(相当于县一级政府),村级管理由属于三大领主(政府、

第六章
社会保障五十年比较研究

贵族及寺院）的庄园主或者领主代理人负责。所以，地方政府在经济社会中的各种职能体现相对较弱，尤其是在保护弱势群体的社会保障方面基本没有具体可行的措施。遇到一些严重的自然灾害或者疾病，民间互助能力一旦丧失，家庭也就失去保障功能，面对灾难，人们只能逃亡或者听天由命。例如，1960年调查组对艾玛岗康萨谿卡遭受旱灾时的情况记录如下：

> 整个艾马岗地区是一片沙石地，康萨谿卡又是位于距水源最远的一个谿卡，这里的土地本来就很贫瘠，加之终年又浇不上水，所以困难重重。因为水的问题……康萨谿卡连年旱情无法缓解，有的土地根本无法播种，大片大片的土地荒芜，人们不能坐以待毙，唯一的出路就是逃亡了。①

无论农奴们逃亡到什么地方，只要离开了家庭的照顾，社会对于他们几乎没有什么保障，个体生命在各种灾难面前变得十分脆弱。

还俗喇嘛丹增，有人看见他在江孜，后来又听说他到过印度，回来后仍在江孜，无依无靠饿死了。②

正如1960年调查组描述的：

---

① 《藏族社会历史调查》（六），西藏人民出版社，1988，第302页。
② 《藏族社会历史调查》（六），西藏人民出版社，1988，第303页。

与中等农奴相比，贫苦农奴生产生活水平更低，既缺劳动力，又缺生产工具和技术，大多数人入不敷出，加上累累子孙债，使他们过着食不果腹、衣不遮体的贫困日子……人们年轻时还能给人家打短工，挣上一升半斗，一旦上了年纪，只得到处乞讨，沦为乞丐。[①]

翻开西藏的历史，不仅是艾玛岗，其他大部分区域，社会对于老弱病残几乎都没有任何保障措施，整个社会上弱者的生存，只有依靠家庭和个别家庭互助的形式来抵御生活中的风险和灾难。但是由于封建农奴制本质具有的残酷剥削性，任何一个处于社会底层的家庭都有可能在诸如自然灾害等条件下沦为居无定所的流丐，从而失去人生的保障。

（二）民主改革后艾玛乡的社会保障模式

1954年5月，中共日喀则分工委向南木林县派出了由30人组成的工作队，工作队当时的一项主要任务就是向县域范围内的贫苦百姓发放救济款，开创了南木林县的民政工作。但是真正建立起有体系的社会保障模式还是民主改革的完成。

1959年的民主改革，使西藏旧的社会和经济制度瓦解，农牧区建立起了全国一体化的各种村级组织，开创了西藏人

---

① 《藏族社会历史调查》（六），西藏人民出版社，1988，第299、300页。

第六章
社会保障五十年比较研究

民当家做主的新时代,这是西藏发展史上最广泛、最深刻的社会变革,也是西藏社会保障体系建立的起点。

民主改革的实施,对于广大农奴来说,不仅是获得了人身自由和分得生产资料,同时,对于那些没有劳动能力或者处于极度贫困的人们,最起码的生存得到了保障。西藏农村社会保障制度是通过农业生产合作社组织实施的,规定农业合作社对缺乏劳动力或完全丧失劳动力,生活上没有依靠的老弱、孤寡、残疾社员,要给予适当的安排和照顾,保证其基本生活需求。政府主要对农牧区孤寡老人发放救济款、救济粮和衣物。南木林全县实行"五保"供养政策,即保吃、保穿、保住、保医、保葬(孤儿保教)。五保供养对象原则上实行由国家补助,社队供养的政策,五保供养由人民公社、大队、生产队三级负担,具体由大队(村民委员会)负责。

20世纪60年代初期,在农业合作化、人民公社化运动中,开始实行农村合作医疗,由农民创立的合作互助医疗,形成了农村群众医疗的主要形式,初步形成了农村初级卫生保健网。

1965~1978年,以人民公社的集体经济制度为基础,通过强有力的政府干预,将城市卫生资源转向农村,全面推进农村合作医疗的发展,使得农村缺医少药的状况得到缓解和改善。

可以说,到改革开放之前,西藏自治区在农村基本形成了以五保供养、救助救济、基本合作医疗为体系的社会保障制度,这些措施使得农牧民整体的福利覆盖面得到了前所未有的一次提升。这些制度虽然并不完善，也还处于比较低水平的阶段，但这是由政府首次大面积地承担社会保障责任的开始，是西藏最早建立的正式的农村社会保障制度。

（三）改革开放至2000年艾玛乡的社会保障模式

20世纪80年代，中国开始进行经济体制改革，现行的国家保障模式已经不能和逐步深化的经济体制改革相配套。中央政府和各级地方政府在对全国性保障模式开始进行改革的时候，西藏社会保障制度同时进入了改革的进程。西藏也要进行改革的原因在于，高原气候恶劣，自然灾害频发，贫困面积大，脱贫速度慢，如果还是实行全部免费性质的社会保障政策，很可能出现"扶不起、填不满"的状况。因此，1985年，日喀则地区根据当时群众家底薄，生产水平低的状况，重点解决"三缺"（缺吃、缺穿、缺住），同时进行生产扶持，开始实行新的社会保障运行模式。

首先，对于符合"五保"条件的人员依然由政府免费解决一切生活所需。1982年，南木林县向全县五保供养对象104户、108人，发放五保供养救济款6万多元，同时发放粮食、肉食、柴火、酥油、清油、零用钱和盐巴；1995年，五保供养对象增加到147户、151人。截至2000年，全县共发放五保供养救济款80多万元。1983年，南木林县建立第一个幸福院（敬老院），给该敬老院投资3.16万元，建房屋11间，敬老院里的老人在生活、医疗上有充分的保障（发放物资情况见表6-1、表6-2、表6-3）。

表6-1　南木林县1980～2000年发放五保供养款物统计

年份	户数	人数	款数(元)	粮食	肉食	柴火	酥油	清油	零用钱	盐
1980	150	210	15960							
1981	135	143	2518.4							
1982	104	108	61576	216斤	5斤	2400斤	6斤	6斤	1440	15斤
1983	59	59	4484	1500斤						
1984	127	130	38254.5							
1985	123	124	27150.72	400斤	2斤		9斤			
1986	104	106	21025.85							
1987	100	103	20077.87							
1988	110	113	19970							
1989	130	130	37273.87							
1990	133	139	39730.93							
1991	135	135	35290							
1992	144	144	53678							
1993	142	148	3024							
1994	141	151	64880							
1995	147	151	62353.2							
1996	144	147	61300							
1997	124	141	55442.5							
1998	130	143	59155.97							
1999	129	147	61719.16							
2000	139	156	62355.88							

资料来源：《南木林县志》（未正式出版）。

其次，对于一些困难家庭则采取扶持和救济、有偿和无偿相结合的保障模式，由救济生活转向扶持生产，"治标治本"相结合。有偿救济主要采用发放扶贫贷款的方式，对贫困户进行项目扶持，最终实现脱贫。

西藏农区民生事业五十年

最后，改平均发放救济资金为集中发放资金，倾斜投资，突击脱贫。南木林县从1985年起，先后投放资金90多万元，集中用于扶持贫困户生产和发展小型集体经济实体，经过5年的发展，使得农村经济总收入增长48.4%，农牧民年人均实际纯收入达到335.22元，从而摘掉了最贫困县的帽子。

表6-2 南木林县1980~2000年发放社会救灾救济款物统计

年份	发放救济 金额(元)	发放救济 物(件)	救济对象 户数	救济对象 人数	重大灾害救济 金额(元)	重大灾害救济 物(件)
1980~1981	10315.4	5695	702	2517	415227.6	17327
1982	44483.6	76490	1091	4135	8000	
1983	8897.9	1000	1824	7319	84845.89	444489斤
1984	15259.3	29件25头	68	250	463031.55	
1985		1488头	136	771	32000	
1986	14945.3	2731头	169	845	230000	
1987	18021.6		190	950		
1988	17161.3		175	875	143347.74	
1989	44154.3		387	1935	50500	
1990	11150.4		141	705	63002	
1991	359203		320	1600	30600	
1992	7201		58	290	58240	衣服30件和帐篷8顶
1993	11592		89	445	78100	
1994	76500		507	2535	37800	
1995	37500		810	3777	70662.5	帐篷2顶
1996	13539		135	454	124775	
1997	41808		49	245	175280	
1998	111400		808	5907	208843.5	
1999	38125		39	147	254825.5	
2000	35070		34	170	411127.99	

资料来源：《南木林县志》（未正式出版）。

表6–3　南木林县1987~2000年发放敬老院款物统计

年份	户数	人数	护理费(元)	款数(元)
1987	5	5	1200	2340
1988	5	5	1200	2340
1989	5	5	1200	2340
1990	5	5	1200	2340
1991	5	5	1200	2340
1992	5	5	1200	2340
1993	5	5	1200	2340
1994	5	5	1200	4230
1995	5	5	1200	2480
1996	4	4	1200	1546.7
1997	4	4	1200	2800
1998	4	4	1200	2800
1999	4	4	1200	3500
2000	4	4	1200	5000

资料来源：《南木林县志》（未正式出版）。

总之，自从南木林县建政后，党和政府始终把发展经济、提高农牧民生活水平作为根本任务，把安排农牧区广大贫苦农民、牧民、五保户等生活作为考核乡、村党政组织政绩的一项重要指标，与经济发展、精神文明建设等工作同样重视，实施了一系列贫困农牧民救助政策。

第二节　艾玛乡社会保障现状

近年来，南木林县委和县政府结合艾玛乡经济特点，大力发展土豆种植、石材开发和手工业项目，使得艾玛乡经济保持较快速度增长，至2010年人均年纯收入已经达到4700多元，农牧民的生活水平有较大改善和提高，但仍有部分群众因各种原因还处在特困生活状态下。为此，乡党委、政府十分关心这部分弱势群体的生产、生活问题，在中央政府着力保障和改善民生的政策指引下，艾玛乡对辖区内农牧民做到了"应扶尽扶，应保尽保"，从日常生活、生产多方面改善农牧民的条件，特别是对那些急需帮助的特困户进行及时救助，保障其最低生活，有力地保证了社会稳定。目前的社会保障主要细分为五保供养、贫困户救助、救灾救济、大学生特困救助、医疗保险和养老保险六个方面。

（一）五保供养

五保供养是艾玛乡最主要的救助制度之一，也是西藏和平解放以来一直保持至今的对农村丧失劳动力、无依无靠的老、弱、孤寡、残疾居民开展的保证他们吃、穿、住、烧、葬等为主要内容，以社会救济为特征的社会保障制度。

表6-4　2009年艾玛乡五保户款物发放

序号	村名	姓名	性别	藏袍	保暖内衣	发放金额	领取人签名
1	由西	次仁潘多	女	1	1	1039	
2	阿荣	白宗	女	1	1	1039	
3	恰热	仓木觉	女	1	1	1039	
4	雪奴	普琼次仁	男	1	1	973	

续表

序号	村名	姓名	性别	藏袍	保暖内衣	发放金额	领取人签名
5	拉遵	多吉次旦	男	1	1	973	
6	龙琼	贡嘎	男	1	1	973	
7	龙琼	次仁拉姆	女	1	1	1039	
8	拉布	多果	女	1	1	1039	
9	德村	珠多	女	1	1	1039	
10	夏嘎	格桑卓嘎	女	1	1	1039	
11	雪奴	尼玛	女	1	1	1039	
12	恰热	索朗群培	男	1	1	973	
13	达夏	卓玛潘多	男	1	1	973	
14	龙琼	拉珍	女	1	1	1039	
15	雪奴	卓玛	女	1	1	1039	
16	恰热	巴宗	女	1	1	1039	
17	奴堆	尼琼	女	1	1	1039	
18	拉布	格朗	男	1	1	973	
合计				18	18	18306	

资料来源：2011年课题组调研资料。

2009年，艾玛乡共有五保户18人（见表6-4），供养标准从2001年的900元/（人·年）提高到2009年的1800元/（人·年），2010年提高至2000元/（人·年）。除了现金发放之外，艾玛乡的五保户每年还多次得到县乡政府发放的粮食、衣物等救济（见表6-5）以及修建基本的住房。对生活不能自理的，还可以通过村委会和乡政府申请安排到县乡敬老院，敬老院会安排专人护理。

表6-5 艾玛乡2006年下半年五保户生活补贴发放

村名	姓名	合计（斤）	发放粮食（斤）		藏袍（件）	藏被（条）
			大米	面粉		
达夏	卓玛潘多	100	50	50	1	1
达夏	边巴	100	50	50	1	1
雪奴	普琼次仁	100	50	50	1	1
恰热	仓木决	100	50	50	1	1
雪奴	尼玛	100	50	50	1	1
雪奴	卓玛	100	50	50	1	1
雪奴	桑姆	100	50	50	1	1
奴堆	尼琼	100	50	50	1	1
由西	次仁潘多	100	50	50	1	1
拉遵	多吉次旦	100	50	50	1	1
龙琼	贡嘎	100	50	50	1	1
龙琼	次仁拉姆	100	50	50	1	1
恰热	索朗群培	100	50	50	1	1
恰热	琼达	100	50	50	1	1
德村	拉巴	100	50	50	1	1
阿荣	白宗	100	50	50	1	1
拉布	多果	100	50	50	1	1
夏嘎	格桑卓嘎	100	50	50	1	1
夏麦	女阿里	100	50	50	1	1
合计	19	1900	950	950	19	19

资料来源：2011年课题组调研资料。

（二）农村低保

西藏的农村低保是随着民主改革的基本完成而逐步建立起来的，是在农牧区对特定的救济对象，在一定时期给予定期定量的救济补助和因遭受突发事件等原因，导致生活困难给予临时性的救济补助。

2005年艾玛乡有特困户22户198人，贫困户44户269人，常救济对象9户70人，共计75户低保对象；到2006年，特困户增加至103户547人，贫困户201户984人，原因是自治区政府把享受低保户的标准由2005年的300元提高到了2006年的500元，2007年提高到800元，2009年提高到1300元，到了2011年，西藏自治区农牧区人均年纯收入在1450元以下的，都享受最低生活保障，享受低保的户数达到了320户1195人，占艾玛乡当年总人口的近12%，低保标准的大幅度提高，做到了尽可能多地对农牧区群众进行保障，提高他们的生活水平和质量（见图6-1）。低保分为三个层次：A类重点保障完全丧失劳动能力的人，人均年1070元；B类针对部分丧失劳动能力的人，人均年772元；C类是指有劳动能力，但因为各种原因导致贫困的人，人均年564元。所有低保救助资金来自各级政府，南木林县低保资金来源分别是西藏自治区出资80%，日喀则出资12%，南木林县出资8%。对于救助幅度，根据经济社会发展情况还会逐年递增。对于那些家庭确实困难，又不是低保对象的，经过本人申请，南木林县政府也会给予适当救助。

对于低保户的救助方式有现金直接救助和发放粮食等方式（见表6-6），有的贫困户乡政府还直接向县政府申请资金，为贫困户建设住房。

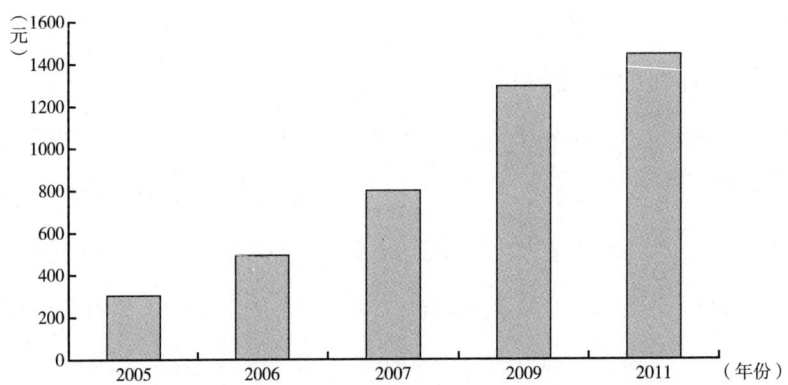

图6-1 2005~2011年西藏农村低保发放标准

表6-6 2011年艾玛乡上半年低保救助发放情况

人数	保障分类			救助款粮			
	A类	B类	C类	金额(元)	青稞(斤)	面粉(袋)	大米(袋)
1195	358	87	750	99054	55490	1195	1195

资料来源：2011年课题组调研资料。

个案一

艾玛乡有2户特困户的住房急需进行改造。其一是德村的拉巴益西户主，家中4口人，劳动力1人，耕地3.7亩，因丈夫早年去世，家中无得力劳动力，生活一直很困难，属南木林县民政经常救助对象，家中无住房，现全家4口人靠借住别人1间房子过生活。其二是吉雄村的弟德户主，家中5口人，劳动力2人，耕地4亩，因家中经济底子薄，加之人多地少，多年来生活一直很困难，是南木林县特困救助对象，现家中有 2 间危房，简陋不堪。乡政府为这 2 户贫困户申请建住房资金 30000 元，用于新建房屋。①

此外，艾玛乡近些年采取对口帮扶的方式使一些贫困家庭脱贫。例如在 2006 年由南木林县级领导和艾玛乡农贸公司扶持的贫困户当年脱贫 5 户、巩固 8 户、提高 10 户。就今天而言，艾玛乡享受低保的农牧户已经不再是解决温饱问题了，而是国家和自治区政府对弱势群体生活水平和质量的提升，随着整个国家及西藏经济的快速发展，这种以救济暂时困难为目的的社会保障水平将会逐步提高。

（三）救灾救济

西藏地处生态敏感区，平均海拔 4000 米以上，地形复杂多样，是多灾、易灾、连灾地区，基本上处于"三年一小灾、五年一中灾、十年一大灾"的局面，局部性的灾害基本上年年都会发生，给灾区群众的生命财产造成巨大损失。

西藏和平解放前，地方政府缺乏基本的应对自然灾害的措施和能力，农牧区遇到大的自然灾害，那些处于底层的农奴们即便生命仍在，衣食温饱也成问题，往往"唯一的出路就是逃亡"。西藏和平解放后，各级政府一直把应对自然灾害作为重要任务。目前，西藏自治区初步建立了以救灾工

---

① 引自 2011 年笔者调研资料。

西藏农区民生事业五十年

作分级负责、救灾经费分级负担制度为基础，社会动员机制为补充，应急措施相配套的灾害救助体系，抗灾救助能力大大提高。2006年，自治区出台了《自然灾害救助应急预案》，陆续在全区建立了灾害应急基金。2006年以来，全区共救助灾民和困难群众181.85万人次，发放救济口粮11717万斤，发放衣被折款3146万元，调运救灾帐篷6871顶，紧急转移安置灾民6万人次，新建、维修灾民住房9.45万间，为37761户188805人解决了住房问题。2009年全区应急基金规模达到20亿元，一个自治区、地市、县三级自然灾害应急预案框架体系基本形成。

南木林县建政后，面对频繁的自然灾害，政府一是采取组织农牧民进行生产自救，二是根据灾情发生情况，下拨救济口粮及救灾款物，帮助受灾群众渡过难关。1980～1990年，南木林县共发放贫困救济金近2万元、各种物资8万多件、牲畜2442头（只、匹）；共救济4883户，人数达20302人；发放重大突发性灾害救济款近150万元、粮食40多万斤。1991～2000年，南木林县发放贫困救济金额达73万多元，救济了2849户15590人；发放重大灾害救灾款145万多元。救济工作有力地解决了南木林县贫困群众和受灾群众的基本生活和生产问题。

艾玛乡在历史上一直是自然灾害多发地区。经常出现旱灾、雹灾、霜冻和雪灾等。在1960年调查组有关调查资料中我们发现，集体请喇嘛念防雹经成为各层次差民们的沉重负担，这说明此地的雹灾非常严重。同时还有大量的洪灾、旱灾和虫灾等。

2010年艾玛乡发生了两次比较大的旱灾、虫灾和雹灾（见表6-7）。2010年自4月开始雨季迟迟未来，一直持续到7月，少雨天气导致所有干渠水量下降。持续的干旱天气，直接导致了两个月以来极其严重的虫灾，致使大量农作物减产、绝收，造成了严重的损失，也给全乡的生活用水和牲畜饮水带来了巨大的压力。全乡干旱受灾总面积4886.3亩，其中受灾较严重的作物面积3130亩，绝收面积442亩，受灾户数841户，受灾人数4987人，带来直接经济损失340多万元。全乡虫灾受灾总面积1622亩，其中受灾较严重的面积1100亩，绝收面积300亩，受灾户数242户，受灾人数1458人，带来直接经济损失共计46万余元。据统计全乡因灾减产面积达到6500多亩；其中粮食减产面积达到3090.7亩，因灾缺粮户数90户，缺粮人口511人，因灾严重缺水户数829户，涉及人口5133人。并且导致全乡多处水塘干涸，大多数溪河断流，水利工程蓄水量锐减，全乡16个村基本上都出现了饮水困难，特别是孜东沟各村群众的人畜饮水无法得到最基本的保障。

2011年5月吉雄村和阿荣村牧区突降暴雪，引发了雪灾。受灾牧户达7户，雪灾导致牲畜死亡达49（头、只），其中大畜23头、小畜26只（绵羊15只、山羊11只）。

2011年7月，艾玛乡出现了大的暴雨灾害，暴雨引发的洪水冲毁山巴村巴金夏热防洪坝400米、山巴北主干渠填

西藏农区民生事业五十年

表6-7 2010年南木林县各乡镇灾情报告情况

内容 乡名	日期 月	日	耕地面积	旱灾 面积(亩)	其中 重灾	轻微	绝收	未能播种面积	未出苗面积	旱浇地面积	虫灾 面积(亩)	其中 重灾	轻微	绝收	冰灾 面积(亩)	其中 重灾	轻微	绝收	水灾 面积(亩)	其中 重灾	轻微	绝收	霜灾 面积(亩)	其中 重灾	轻微	绝收	报表乡镇领导
南木林镇	6	28	11428.33	6596	3161	2609	826	153			150	150																
达那乡	6	28	2936.28	1214	347	867		17																				
秋木乡	6	28	4831.02	1970	1095	875									300	150	150											
多角乡	6	28	10435.82	2127	870	1257					260	130	130															
卡孜乡	6	28	12081.18	645	315	330					380	50	330															
艾玛乡	6	28	22520	4886	3130	1314	442	83	510		1622	1100	222	300														
茶尔乡	6	28	4418	819	323	496		20	177		22	10	12															
土布加乡	6	28	9875	4756	1421	3312	25				490	490																
奴玛乡	6	28	5738	3845	1995	1743	107		15																			
达孜乡	6	28	6326	4523	2551	1462	510				85		85		449	217	232											
索金乡	6	28	5435	2975	1867	1108																						
芒热乡	6	28	3055	1995	1150	845			281																			
热当乡	6	28	9043	4703	2771	1651																						
甲措乡	6	28	7069.27	5010	1770	3240	4								300		300											
普当乡	6	28	3180.02	3180	962	2218			50	200																		
合计	—	—	118371.92	49244	23728	23327	1914	273	1033	200	3009	1930	779	300	749	367	382											

资料来源：根据有关材料课题组整理。

埋370米，夏嘎村北主干渠填埋470米，恰热村北主干渠填埋500米，冲毁恰热村渡槽（北干渠）2处共37米，冲毁夏嘎村水坝4处共677米；道路冲毁2公里，耕地被水淹没共529.7亩，雨水冲刷房屋墙基造成危房4间，冲走羊2只。损失共折合现金25万余元。

面对众多严重灾害，南木林县政府及时给予各种救助，仅2010年就下拨艾玛乡救灾资金40多万元。今天，艾玛乡政府按政策制订了灾害应急预案。预案除了规定如何向上级政府报告，争取救助的同时也明确要依靠群众、生产自救、互助互济来应对本乡发生的冰雹、洪涝、干旱、雪灾、火灾等突发性自然灾害。及时发放的救灾物资已经基本解决了历次灾害给农牧民带来的生产和生活困难。

（四）农村养老保险

为进一步建立健全农村社会保障制度，统筹城乡发展，自2009年9月起，按照第五次西藏工作座谈会的精神，西藏分阶段、有步骤地在拉萨市城关区、日喀则地区日喀则市、山南地区扎囊县、那曲地区那曲县等7个县（市、区）积极开展了新型农村社会养老保险试点工作。按照自治区政府统一规划，2012年西藏新型农村社会养老保险将基本实现对农村适龄居民的全覆盖。这次试点范围占全区县市总数的10%，2010年达到20%，2011年达到50%。实际上，到2010年底，新农保在西藏已覆盖全区县（市、区）农业总人口221万，这与全国推行新农保的时间相比，提前了10

年。养老保险设置了100元到500元五个档次的缴费标准，采取个人缴费、集体补助、政府补贴等三种方式，政府对参保人员给予每人每年30元的补贴。至2010年底，全区23.52万60周岁以上的农牧民全部领取了基础养老金，共计7631.55万元，发放率达100%。适龄参保人员已参保登记85.8万人，参保率达76.5%。

南木林县从2010年5月起开展了新型农村社会养老保险摸底调查、政策宣传、参保登记等工作。截至2010年11月，全县共有农村户口60岁以上享受政府养老补贴人员为5770人；适龄参保人数54845人，涉及缴费金额14万余元，同时，对全县34座寺庙的寺教人员开展了摸底调查工作，为做好寺教人员参保做准备。

艾玛乡在此次农村养老保险统计工作中全乡16个行政村共有适龄参保人数5908人（见表6-8），截至2011年上半年，据乡政府统计大约60%~70%的应参保人员已经上缴了参保费。全乡656名年龄已满60周岁的农牧民已经于2010年享受每月55元的养老金。

我们在调研中，由于农村新型养老保险刚刚开始不久，很多农牧民对于这项社会保障的实际意义并没有很清楚地认识。艾玛乡干部介绍说，大部分家庭条件比较好的农牧户，基本能积极参加养老保险。那些还没有参加的农牧户原因也不同：一是想等到45岁以后，或者更大年龄段再上缴，认为这样更划算；二是觉得目前上缴额和60岁以后的回报率相比，回报率不高，不愿意参加；三是对新型养老保险本身

第六章 社会保障五十年比较研究

表6-8 艾玛乡新型农村社会养老保险工作基本情况调查

序号	村名称	农业总人口	其中：女性	适龄参保人数	其中：女性	60周岁及其以上人数	其中：女性	行政村数	2009年人均收入（元）	村委会健全状况（个数）	村集体经济组织状况（个数）	是否参加老农保
1	夏嘎村	1049	521	677	311	47	24	1	5908.91	1	否	否
2	山巴村	823	409	519	533	61	32	1	4220.95	1	否	否
3	恰热村	554	305	371	203	25	19	1	4750.34	1	否	否
4	拉堡村	274	130	151	73	27	16	1	3763.56	1	否	否
5	夏麦村	476	238	297	148	44	26	1	3660.54	1	否	否
6	奴堆村	283	156	167	83	27	20	1	4872.45	1	否	否
7	达夏村	414	222	264	129	39	24	1	3862.22	1	否	否
8	德 村	592	293	357	196	45	23	1	4015.3	1	否	否
9	吉雄村	694	334	429	201	64	35	1	4127.36	1	否	否
10	柳果村	379	197	227	110	18	19	1	1952.95	1	否	否
11	松东村	283	139	218	85	4	2	1	1735.39	1	否	否
12	德庆村	890	427	553	264	45	30	1	5721.24	1	否	否
13	拉布村	964	450	557	281	29	19	1	4832.26	1	否	否
14	阿荣村	405	150	199	95	32	19	1	4057.94	1	否	否
15	龙琼村	370	182	240	115	18	8	1	4185.67	1	否	否
16	雪奴村	1019	542	682	355	97	57	1	4482.61	1	否	否
合计		9469	4695	5908	3182	622	373	16	—	16	—	—

说明：本表统计范围是具有农村户籍的人员，适龄参保人数指具有农村户籍、年满16~60周岁人员（不含在校学生）。

211

西藏农区民生事业五十年

不关心，觉得不用考虑那么长远。我们在调研中也发现，农牧民对于生老病死有一种比较超然的态度，对于养老保险这类预支付型的资金投入还缺乏足够的热情和信任。但是，正如乡干部所言，新型农村医疗保险开始实行的时候，农牧民群众也处于类似的情况，但是，随着这项制度的逐步开展和实际效用的显现，目前已经完全被群众接受，他们相信新型农村养老保险将来同样会得到广大农牧民的认可。

（五）贫困大学生救助

南木林县在全县实行对贫困大学生救助制度。对于那些考上大学，家庭困难，需要救助的学生，经过村、乡政府的严格审核，提交申请到县民政部门，经过审核属实会对学生本人进行救助。考上内地重点大学的学生，凭五证（通知书、准考证、低保、个人申请、身份证户口证明）可以得到政府一次性奖励5000元，考上全国普通大学的学生，政府一次性奖励4000元。对于考入自治区内的大学生则根据低保证明到所读学校去解决。但是尽管如此，目前对农牧区考取的大学生救助仍然是一项比较艰巨的任务。

在我们对夏嘎村的50户户主访谈的时候，有一个问题是："您希望政府采取什么方式帮助您家脱离贫困？"无论家庭中是否有在读大学生，户主除了其他的选项之外，其中36户都选择了"资助子女完成学业"。可见今天在农牧区，大学生上学已经让大部分家庭感觉到了压力，所以即便他们

第六章
社会保障五十年比较研究

目前家庭并没有大学生，但是希望今后子女在大学学业上可以得到政府的救助。

个案二

夏嘎村的次仁拉姆（女，53岁）家有7口人，5个劳动力，两个子女一个在读高中，另一个在西藏大学读本科。

2010年收入为：农业收入59000元，牧业收入5600元，副业收入300元，政府补贴7220元，共计收入72120元。

当年支出：日常生活支出每年50800元，2010年购买农机电器13000元，化肥1800元，种子6900元，柴油1500元，共计74000元。

如果除去当年购买机械13000元非日常性花费，当年纯收入为8120元。在此基础上要额外支出两个孩子的教育费用是11600元，这其中主要是女儿在读本科的花费，因此导致家庭贫困。

我们在对南木林县民政局的负责人访谈时，他也表示："最大的困难还是上大学，除了大学，高中在本地上，需要供个口粮的话，我们随时能够供上去，但是，一上大学，到内地，走很远，全部靠钱的话，老百姓有点困难。虽然有因为这个失学的，但是很少。不过因此导致贫困的很多，因为东借西借把小孩送去上学，已经读了12年书了，也不能停下来。有的把牛也卖掉了，羊也卖掉了，屋里什么值钱的东西都卖掉了，这确确实实有，但我们民政部门除了高校资助金以外，也没有专门的可用的资助金，这是最大的困难。"①

（六）集体安置流浪乞讨人员

对流浪乞讨家庭的安置，是艾玛乡一项有史以来从未有过的工作，也是西藏改善和保障民生，进行社会主义新农村建设的一项重要任务。南木林县在西藏自治区是一个人口大县，长期以来，流浪乞讨人员的数量较多，因此，南木林县有一个不雅的叫法——"乞讨县"。2000年，南木林县委、县政府经过多次调查摸底后，通过扶贫点建设项目，在南木林县艾玛乡逐年安置流浪乞讨人员12户68人。此后，南木林县连续几年对流浪在外的乞讨人员都在艾玛乡进行安置。2006年7月，艾玛乡政府对原有的16个行政村进行全面调查，根据调查情况，把全乡流浪乞讨人员分别安置在柳果、松东、由西、龙琼和恰热5个村，其中柳果村19户114人、松东村13户74人、由西村2户13人、龙琼村10户33人和恰热村3户16人，共计47户250人，约占当时该乡人口的2.5%，户数的3%（2006年艾玛乡共有1543户9939人）。这47户中特困群众14户，劳动力132人，耕地面积470.7亩，退耕还林303.3亩，大畜45头（只、匹），小畜12头（只）。

为确保流浪人员"留得住、富得起"，县政府从艾玛开

---

① 笔者访谈记录。

发公司划拨农田 800 亩,其中 300 亩列入退耕还林(享受国家 8 年内每年拨 9 万斤粮食,6000 元现金的政策补贴),其余全部进行低产田改造,为此 2005 年南木林有关单位投入 45 万元进行 100 亩低产田改造。同时,为解决草畜矛盾问题,县政府又从艾玛开发公司划拨荒地 172.8 亩,每亩开荒费 20 元。

以松东村为例,为解决医疗费困难问题,2003 年县卫生局通过多方筹集资金,共投资 3 万元在松东村建立卫生室,同时由于底子薄,县民政局还为他们解决合作医疗费,使全村 30 户 200 多人全都参加了农村新型合作医疗。全村 30 多名适龄儿童全部入学,儿童入学率由 0 升为 100%。由于长期外出乞讨,群众对农业耕种不熟悉,致使近几年农作物产量不高,为解决群众生活困难的问题,在县民政局的大力帮助和支持下,除每年下发春荒、冬季口粮资金外,还专门为松东村群众解决特殊口粮,保障了他们的基本生活所需。

2010 年松东村有 47 户 272 人,其中享受农村低保待遇的有 45 户 198 人。年人均收入 1911 元,人均耕地面积 2.3 亩。

个案三

坚赞(男,35 岁)一家 5 口人,三个小孩。农闲季节老婆在日喀则务工。其中一个小孩在南木林读高中,免除一切学杂费,每两个星期有 20 元补助,另两个小孩分别是 5 岁和 1 岁。之前他的家在南木林另一个乡,比较偏僻,住房破旧,常年乞讨。2005 年被安置到松东村。据乡干部介绍,起初来松东村之后,坚赞一家住进了政府的安置房。随后他们就外出乞讨了。村里两个村长到日喀则找到没看住,他们又跑了。村长回到村里向农牧局申请了耕种作物的种子,由村里的村民负责给坚赞耕种。后来村长再次到日喀则把坚赞一家找回来,并给他们申请国家救济。目前享受低保救助:每半年发放青稞150斤,面粉150斤,现金546元。同时艾玛乡送坚赞去学习了做马铃铛,做一对可以卖16元,每年能做200对左右。关于家庭收入和支出,坚赞自己也不清楚,只是希望政府能对他们的家庭再多救助一些。①

艾玛乡对已安置流浪乞讨人员的管理,实行乡、村两级齐抓共管与已安置流浪乞讨人员自我约束相结合的管理原则,杜绝外出流浪乞讨生活。2011年我们调查期间,较大的安置点松东村已经完成建设给流浪户的住房,被安置户整体生存状况良好。

第三节 艾玛乡的贫困与社会保障政策分析

(一) 艾玛乡致贫原因分析

近年来,艾玛乡在各级政府的经济政策指导下,经济已

---

① 引自2011年笔者调研笔记。

第六章
社会保障五十年比较研究

经保持了较快增长,全乡人均纯收入从2005年的2910元,经过五年的发展已经达到2010年的4790元,增长了39.2%。但是16个行政村的收入差距很不平衡,经济发展最好的德庆村年人均纯收入达到6499元,而柳果村只有1712元,相差3倍多。按照当年纯收入1700元以下的人享受低保的政策,全乡仍然有1195人在享受低保,也就是说2009年艾玛乡仍然有约11.4%的人口处于贫困线以下(2009年艾玛乡共有10430人)。总的来说,致贫有多种原因,比如历史上经济基础薄弱、自然灾害频发、河滩土地贫瘠等,而具体到每个贫困的家庭,根据我们的调查,贫困的类型主要分为生产困难型、能力缺乏型、资源匮乏型和身体残疾型。这其中资源匮乏和能力缺乏成为两个主要的可能导致农户长期贫困的原因。

首先,土地资源匮乏。目前因为土豆种植已经成为艾玛乡最重要的致富途径,所以,拥有土地资源的情况,几乎成为目前艾玛乡各村是否可以致富的重要原因。土地资源情况包括土地的质量和土地的数量。目前艾玛乡人均拥有土地2.5亩左右,但是因为土地自20世纪80年代实行了"两个长期不变政策",使得家庭的新生人口没有土地,导致很多再生家庭土地拥有量严重不足,有的家庭5口人只有一口人的土地。这对于主要依靠农业生产实现经济收入的艾玛乡村民,成为导致贫困的主要原因,这种情况如实地反映在我们对致贫原因的调查中(见表6-9)。

表 6-9 艾玛乡 2007 年 253 个低保户致贫原因统计

低保原因	人多地少	老龄	残疾
人数(个)	143	96	14
比例(%)	56.5	37.9	5.5

资料来源：2010 年调研资料。

由表 6-9 可见，人多地少致贫的占了 56.5%，解决这个致贫原因，基本只有两种途径，要么改变目前的土地分配状况，要么开垦更多的荒地。艾玛乡政府多年来正是采用了第二种手段，利用各种自然条件开垦荒地。以松东村为例，"松东"在藏语的意思是 3000，乡干部说："依靠开垦荒地，这个村实际上有耕地 3000 亩。"截至 2005 年年底，松东村 45 户 263 个村民人均耕地面积达 5 亩，远远高于艾玛乡人均 2.5 亩土地的拥有量。采用开垦荒地解决土地问题的局限在于，大部分荒地土地质量比较差，多数是一些不适合耕作的河滩沙地。在我们调查期间，松东的村民说，土地大部分是在沙岗地带开发的，土质比较差，遇到干旱也缺乏有效的水利保障，所以第一大经济作物土豆的收益并不好。这对于艾玛乡主要依靠土豆种植来致富的农户而言困难可能是长期的。从松东村的经济情况可见一斑，2009 年人均纯收入仍然只有 1900 多元，在全乡处于末端。所以，要想解决这个可能长期致贫的原因，要么改变土地的耕作类型，要么就要对现有土地政策做出调整。

其次，村民个体的综合能力也成为是否能够脱贫的重要

第六章
社会保障五十年比较研究

原因。对于一些土地不占优势或者比较少的村民而言，如何在现有条件下争取更多致富门径是贫困户本身和各级政府一直努力的方向。为此，艾玛乡对于一些年轻力壮、接受过基本教育的村民采取了相关的职业培训，包括到内地学习厨艺、学习各种手工制品制作等。也采取了措施将剩余劳动力进行劳务输出，但是这还不是解决所有贫困户的有效手段。在我们调研中，对于一些贫困家庭的现状，乡干部认为很多村民缺乏主动追求富裕生活的意愿，大部分长期贫困的家庭劳动能力都比较弱，特别是目前的松东村和柳果村，很多村民是曾经的乞讨户，所以对于生产方式生疏，自身依赖心理比较强，总是希望国家给予更多的救助，而不是从长远着想通过提高自身的致富能力达到富裕。对于这种情况，各级政府需要开阔思路，不仅要加大培养乡村剩余劳动力具体技能的力度，同时要提供多种就业信息和渠道，为剩余劳动力营造创业环境，从而激励他们提升自身的综合素质和致富愿望。

最后，政府推动乡村经济发展的手段比较单一，缺乏对特色产业的有效利用。如果说历史上西藏经济发展受限于交通、通信等基础设施建设的话，今天的西藏自治区，包括南木林县这样远离城市辐射的县域范围，交通和通信等制约地域经济发展的瓶颈基本不复存在，而当地的农业、手工业等产业尚处于小规模或者手工作坊阶段，集中连片带动效应比较弱，特别是像孜东铜器这样的手工业生产，因为技术保护等各种原因，目前还处于家庭作坊阶段。当地政府应开阔思路，在政策和资金上给予支持，大力发展当地的特色农业和手工业生产，增加致富手段。

（二）社会保障要和扶贫开发相结合

西藏自治区从20世纪90年代以来一直在对农村实施扶贫开发政策，在很长时期内这一政策是西藏贫困农牧民生活的希望，但是，始终没有从根本上解决西藏广大农牧区面临的贫困问题。面对长期贫困的局面，国家和自治区政府在2009年开始针对农牧区实施正式、长期的社会保障制度，以此解决贫困农牧民的基本生存问题。在解决这些问题的所有措施中，强化社会救助制度建设在当下具有迫切性。

社会救助制度提供了一个基本的安全网，保护了不幸者免于经济灾难，贫困现象逐步减少，有效降低了贫困人口的比例，使绝大多数弱势人群得到了照顾；保证了劳动力再生产的正常进行，对生产力的发展起到了一定的推动作用。同时，由于社会救助水平较高，不可避免的副作用是：助长依赖心理，加重了一部分人的惰性，政府不堪重负，所以，如何建立一套科学社会保障制度是十分必要的。

首先，要科学地确定贫困线和救助标准。任何一个国家建立社会救济制度的目的都是为了保障人的生存权益，其实施对象是贫困者个体，由于每个收入单位（家庭）的致贫原因、贫困程度以及需求有所不同，因此单一化的救济标准和简单化的救济方法难以适应受助者的需要。西藏目前最迫切的问题是政府应该科学地确定贫困线和救助标准。如何按

第六章
社会保障五十年比较研究

照现实贫困程度来逐年提高社保标准,因为如果保障水平太低,就无法解决深度贫困问题,而过度保障目前显然并不适合西藏经济发展的现实,对于长久平稳的社会保障并无益处。况且,与全国存在的将农民人均收入报低来争取扶贫政策的极端例子相比较,西藏的各基层统计工作却走到了另一个极端,各项收入高报,在西藏各基层是非常普遍的事情。另外,由于基层统计人员缺乏专门的培训,所以对各项统计项目的含义存在模糊认识。未来我们需要建立一个科学的、长期运行的收入调查制度,它会给许多政策的操作和实施带来更为可靠的依据。

其次,鼓励社会共同参与。社会救助制度的社会化在许多国家都是一种非常普遍的现象,鼓励各种民营机构、慈善团体、非政府组织等社会组织参与,其管理成本较一般公共事业单位低,办事效率较高,筹资渠道灵活,对社会救助制度的发展有很大的促进作用,能对政府救济形成有力补充。政府可以将从事社会救助、福利和慈善事业的团体、组织等一律作为非营利性单位对待,对企业、个人的社会捐赠给予免税等。目前活跃在西藏的有英国儿童救助会、利众基金等15个组织,在教育、卫生保健诸多领域开展了各种合作项目。由于西藏贫困程度深,社会化程度不高,政府与这些组织之间存在着广阔的合作空间。

再次,积极引进资金,拓展扶贫项目,带动经济发展。当前艾玛乡政府在加大科技推广力度,增加农业科技含量方面做过很多努力,有计划地生产和销售土豆,对于那些土地质量良好、善于经营的农牧民来说，近些年经济增长速度很快，大大地改善了民生。但是目前缺乏的是第三产业的开发和资金吸引力，在艾玛乡只有农贸公司和石材开发以及部分手工业生产。除此之外，还有很多领域是可以尝试开发的，比如种植大棚蔬菜和部分矿业开发，而不是单一地发展土豆种植。

最后，在扶贫资金发放中，要有针对性，防止愈富越扶的现象。在我们调查中，有的农户已经非常富有了，八九个家庭人口，年收入可以达到20多万元，但是为了树立致富标杆，仍然有机会获得各种扶贫款项，而那些常年贫困户则获得资金和项目非常困难。这种资金和项目的分配方式，对于树立致富典型具有重要的示范意义，但是如果长此以往，就失去了扶贫的本质含义。

（三）小结

自西藏和平解放以来，中央及西藏自治区各级政府高度重视对弱势群体生产和生活救助，采取了五保供养、敬老院救助、低保救助、救灾救助、资金扶助以及贫困户搬迁等各种救助方式。同时为了使得老百姓老有所养，在2009年开始实现全覆盖的农村社会养老保险，这项政策对农牧民未来民生提高提供了最大的保障。目前这些社会保障措施基本保障了劳动者在年老、患病、灾难、生育等情况下的基本生活不受影响。为了实现中国共产党在十七大报告中提出的"到2020年基本消除绝对贫困现象"的目标，做到精准扶贫非常重要。目前对于西藏广大农牧区的救助水平在逐年提高,同时各基层政府也在运用各种方式,结合当地的特点努力摆脱贫困。艾玛乡的土豆种植也就是这方面的典型。但是由于西藏目前人口增长依然比较快,而耕地面积则一直保持长期不变,致使不少农户的耕地相对于人口增长出现严重不足,农业致富出现瓶颈。所以,要想全面、根本解决绝对贫困的现状,必须要实现多渠道的经济增长方式。

第七章 结论与政策建议

一 和平解放以来，西藏自治区在民生改善方面成绩显著

1959年3月，统治了西藏700多年的封建农奴制社会制度，一夜之间土崩瓦解，西藏乡村开始进入民主改革时期，这是西藏历史上"最为广泛、最为深刻、最具进步意义"的社会变革，50多年来，西藏各项事业取得了举世瞩目的辉煌成就。那些昔日生活在严酷封建农奴制度下的农奴们，一夜之间成为社会的主人，并在此后的社会发展中，亲历了西藏政治、经济、社会、文化等各个领域的进步，享受发展成果。这些社会发展成果是在西藏经历了平叛与民主改革、社会主义建设、改革开放、西藏现代化建设、西部大开发战略、西藏跨越式发展、小康西藏、和谐西藏等中央政府实施的各项重大政策措施下获得的，

没有中央政府的政策和资金支持,西藏社会无法在短短的50多年时间发生如此翻天覆地的变化。

通过本课题的研究,我们认为过去50多年西藏农牧区民生水平不断提高,最近10年提高最快,这是中央政府和全国兄弟省区市大力支持,以及西藏各级地方政府和西藏人民共同努力的结果。特别是2001年中央第四次西藏工作座谈会之后,西藏农牧区经济社会开始加速发展。10多年来,西藏农牧区社会解决了温饱,开始向小康西藏迈进,农牧民人均纯收入由2000年的1331元提高到2010年的4139元,增幅达210.97%。

"十二五"以来,西藏自治区在民生领域坚持以人为本的原则,完善政策、健全制度、加大投入,统筹推进民生重点领域改革,在教育、医疗和社会保障等方面都取得了显著成效。

(一)教育领域切实落实教育优先发展战略,包括学前和高中阶段的15年义务教育已经全面实施,教育保障能力显著增强,各级各类学校长期稳定和全面发展

2013年,小学适龄儿童入学率、初中入学率和青壮年非文盲率分别达到99.59%、98.75%和99.37%;高中阶段毛入学率达到72.23%;现代职业教育体系初步建成,拥有中职学校9所、在校生达到1.67万人,高职学院1所、在校生达到5184人;内地西藏中职班在校生3013人;高等教

西藏农区民生事业五十年

育质量稳步提升。2014年,办学规模达到本专科在校生3.35万人、研究生在校生1428人。

(二)基本医疗和公共卫生方面正在逐步构建包括预防、医疗、康复等在内的比较完善的医疗卫生服务体系,也已取得初步成效

城乡公共卫生基础设施进一步加强,初步形成了完整的公共卫生服务体系,疾病防治能力得到明显提升。截至2013年年底,全区医疗卫生机构总数为1413个,其中医院106个,乡镇卫生院677个,疗养院1个,妇幼保健院54个,疾病预防控制中心82个,社区卫生服务中心9个,诊所(卫生所、医务室)480个。

医疗基础设施不断完善,技术能力逐步提高。"十二五"期间完成了自治区、地市级重点医院和藏医院新改扩建项目,同时对69家县医院进行急救能力建设和配备相应急救设备;加大医疗卫生队伍数量补充力度。

农牧区医疗保障制度实现全覆盖,保障水平逐年提高。截至2013年,参加筹资人数达到243万人,个人筹资率97.2%。农牧民住院费用报销补偿平均达到75%以上,门诊费用报销补偿达100%。

妇幼保健工作成绩显著,孕产妇和婴儿死亡率大幅下降。全区孕产妇和婴儿死亡率分别从2000年的466.88/10万和35.28‰,下降到2013年的154.51/10万和19.97‰,住院分娩率由20.14%提高到82.33%。

（三）基本社会保障体系逐步健全，覆盖范围不断扩大、待遇水平不断提高

城乡居民社会养老保险制度在全国率先实现全覆盖，实现了人人享有社会保障的目标，保障标准高于全国平均水平；保障水平稳步提高，新农保基础养老金标准从制度实施初期的55元，到2013年已经达到每人每月105元；城乡最低生活保障标准提高到年人均1750元，农牧区五保供养标准提高到年人均2600元，集中收养孤儿基本生活标准达到月人均1200元。

除了教育、医疗和社会保障等基本公共服务领域取得了显著成绩之外，西藏自治区在就业、文化和社区建设等与民生息息相关的领域也已经开始进入快速发展阶段，成为全面建成小康社会的基本评价指标。未来，只要西藏各级地方政府按照中央第五次西藏工作座谈会的政策目标，在中央及各兄弟省区市的大力援助下，西藏广大农牧区社会经济将在民生第一层面的问题基本解决之后，会顺利进入解决第二层面、第三层面的问题，建设小康西藏之路会快速推进，这是本课题组研究得出的基本结论。

二 农牧区民生领域存在的具体问题及对策建议

为了快速提高现有的民生发展水平，根据对艾玛乡的调

西藏农区民生事业五十年

查研究，我们提出以下几个应当注意的问题，以及切实可行的意见和建议。

（一）要十分重视西藏农区部分家庭出现的人口绝对增加和土地相对减少带来的致贫问题及其对整个农区经济增长的抑制

西藏目前虽然在三次产业结构上已经形成了三二一的排序，但是广大农区的经济来源依然主要依靠的是农业经济。土地是粮食生产的基础，而粮食是广大农区居民一日三餐和消费的主要经济来源。人均土地面积的减少意味着人均口粮的减少，导致出现贫困。2007年艾玛乡共有253户家庭享受低保，致贫原因主要是人多地少、老龄、残疾和自然灾害等因素，其中人多地少致贫的共计143户，占总享受低保家庭的56.3%。虽然艾玛乡在自治区开发荒地的政策下开发了部分荒地，但是和人口增长相比，土地依然显得紧缺。特别是对于那些新生的核心家庭，他们从原有大家庭分出之后，往往仅能得到一个人的土地，而随着子女的出生，人地矛盾就会充分暴露。对于像艾玛乡这样具有农业特色产业的区域，人们把致富的希望基本都寄托在了土地上，往往影响了他们外出务工的决心和时间，导致农业经济之外的致富手段不多。所以，及早解决人地矛盾对于减少农区贫困人口和稳定经济增长具有重要的作用。

（二）合理利用扶贫与开发政策和资金

一是要根据贫困家庭实际采用多样化的扶贫手段；二是在开发扶贫项目上要避免形象工程和景观工程，建立一个"自上而下"与"自下而上"相结合的决策机制。

随着西藏经济社会的发展和国家财政支持力度的加大，西藏扶贫资金逐年提高。特别是对于广大农牧民的最低生活保障水平的提高，基本做到了"应保尽保"。但是我们在调查中也发现，扶贫主要采用现金发放和粮食救济，而在调查一些贫困户家庭时，大部分家庭更希望在致富项目和致富技术上给予支持。我们也发现，个别得到诸如司机培训、厨师培训等一些技术培训的农牧民更容易找到致富的门径。

在扶贫过程中，也出现了扶贫资金运用不合理的现象。由于近些年国家扶贫力度加大，一些包括扶贫贷款在内的扶贫项目出现了向比较富裕家庭倾斜的现象，一方面可能是考虑还款能力，另一方面也有基层希望树立致富典型的因素。比如我们在拉布村调研期间，有的家庭已经相当富裕，年纯收入达到20多万元，依然在用扶贫贷款开发致富项目，家庭成员也享受着免费的职业培训。这种和实际不符的扶贫行为，不仅挤占了扶贫资源，有违扶贫政策，也不利于西藏实现共同富余的目标。

此外，在一些政府开发的扶贫项目中为了体现良好的景观效应，项目建设往往缺乏实际调研，造成资金的浪费。例如，艾玛乡2008年得到了县农牧局的扶贫项目——建设一座蔬菜大棚，结果在选址上乡政府认为应该选择距离公路较远且避风的地方，而县相关部门认为要选在南木林县至艾玛乡的公路边上，这样具有较好的致富景观效应，结果大棚建好后，由于只有竹竿架设棚架，只要大风来袭，大棚便基本被毁，使得花费上百万元的项目基本没有达到预期效果。伴随安居工程项目实施的沼气建设也存在不符合实际的问题。全部安居户要建设沼气池，国家免费负责基本设施建设，建设费用一户就要6000多元，需要的肥料农户自己解决。有些农户自己连肥料都没有，只能靠买牛粪或者羊粪填充沼气池。沼气池建好之后，用不了多久便因为多种原因停废，因没有相关的技术维护人员，这项建设基本属于闲置设施。有的乡干部说："县里主管扶贫与开发项目的单位，我们都打交道，向国家要什么项目，就给什么项目，但是有些项目很多是无效投资。比如县里给村里建活动场所，这需要维护，村里没有人懂维护的技术，花好多钱购买的设备，建设的场地，最后都浪费了。"① 如此种种，不一而足。

长期以来，西藏农村公共产品供给决策机制实行的是"自上而下"的方式，这一制度在历史上曾发挥了较大作用，却在很大程度上反映了政府的偏好，而非农牧民真实的需求，"形象工程""政绩工程"使得公共产品的效用受到了限制。因而建立有效的西藏农村公共产品需求表达机制十分迫切，完善"一事一议"制度，建立一个"自上而

---

① 笔者调研笔记。

下"与"自下而上"相结合的公共产品供给决策机制迫在眉睫。

（三）在不断提高新型农村合作医疗补贴标准和报销幅度的同时，要努力提高县乡一级医疗服务设施和水平，合理设置村医疗卫生机构

（1）50多年来，中央逐年加大对西藏医疗卫生的投入力度。目前，西藏各地农村合作医疗报销的封顶线由2010年的2万元提高到2011年的5万元，个人医疗账户的国家补贴由165元提高至现在的225元。2011年我们调研期间，无论是县乡一级的卫生工作干部还是农牧民，都对目前的医疗合作制度比较满意。

（2）根据我们的调查，目前，相对于比较满意的医疗报销费用和补助标准，亟待提升县乡一级医疗机构的医疗服务水平。据统计，仅"十一五"以来，国家安排西藏农牧区医疗卫生基础设施建设资金就有12亿多元，先后对72个县卫生服务中心和683个乡（镇）卫生院业务用房进行了改扩建或新建，还新建或改扩建了20个县藏医院。在设置各级医疗服务机构的同时，要配置相应的医疗设施。按照国家对乡镇卫生院的要求，每千个服务人口要设置0.6~1.2张床位，同时还应包括预防保健及合作医疗管理用房、医疗（门诊、放射、检验和住院）用房、行政后勤保障用房等。场地包括道路、绿地和停车场等；附属设施包括供电、污水处理、垃圾收集等。但是在我们调研中，大部分西藏的乡镇

西藏农区民生事业五十年

卫生院还不能满足这样的条件。比如艾玛乡有1万多人口，目前乡卫生院还没有一张住院床位。

（3）医疗服务人员缺乏。为了缓解乡卫生院医疗人员紧缺和方便农牧民就医，西藏自治区于2009年开始在行政村设置卫生室。但是由于工资待遇较低，工作环境艰苦，目前还很难招聘到比较专业的医疗服务人员。所以，要想发挥村卫生室的作用，一方面要提高村医的待遇，另一方面要结合实际情况增加乡镇卫生院的医疗服务人员。在村一级卫生机构还不能满足老百姓就医需求的时候，只有提高县、乡镇一级医疗卫生机构的服务能力，集中医疗资源，才能更好地满足农牧民的就医需求。

（四）加大农村养老保险政策实施的宣传力度，提高农牧民的参保率

自2009年11月经国务院新农保试点工作领导小组批准，西藏自治区拉萨市城关区、山南地区扎囊县等7个县（市、区）被列为西藏第一批新农保试点县。2010年6月，未纳入新农保试点的66个县全部被列入2010年扩大试点县范围。新农保制度实施后，年满60周岁的老人无须个人缴费，每人每月可直接领取55元的基础养老金。基础养老金标准将随着经济社会发展而相应提高。个人账户养老参保人员为16～59岁的适龄人群。连续缴费15年，年满60周岁的参保人员可获得相应的养老金。从长远看，这项制度的实施将从根本上解决农牧民的养老问

題，是避免最低生活保障制度支出过大的一个重要政策保障。但是，在调研中我们也发现，养老保险的参保率尚显不足。所以，目前应在广大农牧区加大政策宣传力度，让农牧民充分认识到养老保险实施的重要性和迫切性，提高农牧民的参保率，以完善农村社会保障体系，实现救助制度的持久性和系统性。

（五）加大对农牧民劳动者的技术培训、职业培训和组织劳务输出的力度

西藏80%以上的人口在农牧区，长期以来，技能和劳务输出渠道不畅成为制约西藏农牧民劳动者就业的主要因素。以艾玛乡为例，当前县农业部门对农民的农业技术培训正在有序开展，提高了农业的经济效益和农民的增收能力。但是相比对农业技术的培训，在其他职业培训和组织劳务输出方面的工作相对较弱，具体表现如下。

一是培训领域缺乏广度和深度。长期以来，西藏农牧民培训主要以短期实用技术普及性培训为主，系统的职业教育和产业岗位培训甚少，培训领域不宽，主要集中在第一产业，应加强第二、第三产业所需各类人才的培养。

二是培训资金投入单一。农牧民培训的多元化投入机制没有完全建立，当前培训资金基本上是以自治区财政资金投入为主，地（市）、县财政对农牧民培训资金的投入力度不够，社会、企业投入缺乏。

三是培训机构不健全、基础设施条件差，师资力量薄

弱。以南木林县为例，现阶段仅有一所职业学校，专业设置相对简单且师资无法满足农牧民对培训工作的要求。由于部分培训基地设施落后，培训设备不完善，导致理论与实践结合不紧密，影响了培训效果。

目前西藏农村因机械化耕作的普遍实施，以及人均土地面积的减少，剩余劳动力在增加。同时，随着西藏经济社会的发展，第二、第三产业的增加，劳务机会也在增加。如何让农牧区剩余劳动力顺利进入城镇各行各业务工，对于提高农村居民收入、减少农村贫困、促进劳动力转移能起到很好的作用。

首先，扩大对农村劳动者的职业培训和组织劳务输出的范围，重点推广将培训与劳务输出结合进行的项目，进一步提高培训质量，改善培训的就业针对性。

其次，拓宽融资渠道，建立多元化投资机制。结合西藏农牧民培训实际需要，进一步加大政府的资金支持力度，建立农牧民培训资金的稳定增长机制，积极开辟各种筹资、融资渠道，鼓励企业、外资、个人等社会力量积极参与农牧民培训，制定和完善农牧民培训社会资金管理办法，增加社会资金对农牧民培训的投资。

最后，提升农牧民培训基础平台。发挥现有培训基地的作用，扩大培训规模，制定优惠政策，鼓励支持集资办学、实体办校和引资办校，增强社会培训能力。

加大对农牧民劳动者的技术培训、职业培训和组织劳务输出的力度，是西藏各级政府当前的重要任务，是解决西藏农牧区劳动力过剩和开辟增收渠道的根本途径,事关西藏长远发展和社会长治久安的大事。

(六)采取多种办法增强农牧民抵御自然灾害的能力,防止因灾致贫致困

西藏农业生产风险很大,农村居民规避风险的能力脆弱。我们知道,农业生产与自然条件直接相关,地理气候条件会对农业生产产生巨大的影响,农民基本上还是"靠天吃饭"。以艾玛乡2010年旱灾为例,受灾面达4886.3亩,占总耕地面积的1/5强,受灾人数4900多人,接近总人口的一半,造成大量家庭依靠国家低保救助生活。经过我们的调查,艾玛乡几乎年年遭灾,灾害种类涵盖了洪涝、雪灾、雹灾和干旱等。灾害发生后往往是靠各级政府救助粮食和现金以解民生之困。我们认为,面对灾害频发的状况,要采用多种办法提高应对灾害的能力。

首先,加快发展"三农"保险。"三农"保险有利于减少农牧业风险。保险为农作物和农企、农户财产提供保障,有效转移农业风险,充分发挥经济补偿功能和在农业生产中减灾防损的作用,避免农户和农企因灾返贫、因灾破产。

其次,可以通过农户保费补贴、保险公司经营费用补贴等手段,减轻农牧民受灾损失。目前在西藏一些地方已经开展了涉农保险政策,按照"政府缴费、人保承办、群众受益"的模式,保费由自治区财政、各地(市)和农牧民按5:4:1的比例缴纳,农牧民只需承担10%的保费。艾玛乡

西藏农区民生事业五十年

于2010年开始执行这项政策，每户农牧民按照10%的比例根据不同的农作物缴费，缴费和赔付额度也有所不同（见表7-1）。但是保险范围不包括土豆种植，且只有粮食出现绝收才能享受相应的赔付，整个保险赔偿幅度和当地农产品亩产量相对应。

表7-1 艾玛乡农作物保险类目及额度

项目	青稞	小麦	菜籽
每亩上缴保费(元)	0.39	0.5	0.29
每亩赔付额度(元)	240	306.3	180

资料来源：2011年调研资料。

最后，要依靠集体力量解决目前家庭分散经营造成的抵御自然灾害能力下降的问题，如政府部门要加强水利等基础设施建设，提高防旱和抗洪能力。

三 农牧区民生改善中存在的普遍问题及宏观政策建议

特殊的自然、地理、人文、经济和社会环境导致西藏自治区发展民生事业面临许多先天不足和特殊的挑战。农牧民分散在点多、面广、线长的地域空间，空间内环境气候条件恶劣，交通、能源、通信等基础设施建设滞后，致使基本服务半径大、成本高、服务均等化程度低，西藏各族群众共享全面小康生活的建设任务十分艰巨。

（一）深化收入分配制度改革，增加农牧民收入

西藏高寒缺氧、气候恶劣、地广人稀，基本民生服务成本远远高于内地省区，基于西藏自治区财政自给率低，需要继续坚持中央政府主导战略，建立财政长效保障机制，通过各种途径扩展农牧民的收入途径，深化收入分配制度改革，增加农牧民收入。

（1）西藏作为全国的生态屏障，长期以来为内地的经济社会可持续发展做出了巨大牺牲。在中央财政方面，可以考虑利用环保税等新税种实现转移支付。

（2）在地方财政层面，可以考虑采取公私合作模式，整合多渠道资金来源，实现资金来源的多元化。

（二）实施统筹推动战略，建立基本民生服务体系均等化服务机制，提升服务体系的整体效能

（1）统筹部门发展。编制综合性公共服务体系建设规划，积极推进相关立法进程，统筹实施重大民生项目，真正发挥资源共建共享等方面的作用。

（2）统筹城乡发展。推动公共服务资源向农村基层倾斜，促进城乡民生事业均等化发展，提升民生服务领域的效率。

（3）统筹区域发展。坚持民生建设与扶贫工作相结合，加快推进贫困地区、边远地区民生事业体系建设。

（4）统筹群体发展。将普惠和特惠相结合，加大资源

西藏农区民生事业五十年

倾斜力度,保障未成年人、低收入群体、受教育程度低人口等脆弱人群的基本权益。

(三) 在民生领域,加大人才培养和引进机制

(1) 加强专业队伍培训,建立自治区公共服务人才培训基地,实施偏远贫困地区人才支持计划。

(2) 完善基层队伍管理体制。创新人才招聘管理、体制外人才管理和奖励机制,以合理薪酬招聘高素质的乡镇社会工作人员。

(3) 引导志愿者从事社会工作。通过政策引导、表彰奖励等办法,大力推动建立社会工作志愿者组织。

(四) 巩固基础教育成果,提升教学质量,特别是要加强学前双语教育

(1) 继续实施农牧区基础教育"三包"政策,不断改善农牧区学生住宿条件和办学条件。

(2) 着力解决城乡之间、区域之间、县镇和农牧区之间的教育资源不均衡问题,教育资金投入向下倾斜。

(3) 加快农村幼儿园设施和师资队伍建设,抓好城乡学前双语教育。

(五) 加强医疗卫生队伍建设,提高补助标准和保障能力

广大农牧区公共卫生资源总量不足,高水平医疗服务人

才奇缺，农牧区医疗补助标准与资金统筹层级低，保障能力较弱。上述指标均显著低于全国平均水平。受这些因素影响，以婴儿死亡率和孕产妇死亡率为代表的一些公共健康指标与全国平均水平相比有显著差距。

（1）大力加强卫生队伍建设，提高基层卫生服务人员的待遇。

（2）完善公共医疗卫生服务体系，提升服务能力。一是整合资源，优化配置，提升区地县三级疾病预防控制体系服务能力，积极预防重大传染病、慢性病、高原病、地方病和精神疾病，提高重大突发性公共卫生事件处置能力。二是完善基层服务体系，实现各级卫生服务机构的标准化、规范化。

（3）面对基层卫生机构招不来、留不住人才的现实，借鉴过去"赤脚医生"的做法，培训本地人参与一些基本的健康宣传与服务工作。

（4）提升人口健康信息化水平。建立基层人口健康信息综合管理数据平台，提升数据集成、信息资源综合利用水平，提高科学决策支持能力。

（5）推进藏医药事业与产业的发展。在农牧区加大藏医药发展力度，不断提升藏医医疗服务体系康复护理能力，形成特色健康服务业。

（六）提高基本社会保障水平，努力实现"困有所救、病有所医、老有所养"目标

全区虽然实现了全覆盖，但不同群体之间享受的社会公

西藏农区民生事业五十年

共服务仍然不均衡,服务网络和信息化平台建设滞后。距离实现"困有所救、病有所医、老有所养"等目标,仍有很大差距,因此要加快推进基本社会保障服务均等化,大力提高社会保障水平。

首先,完善以基本养老保险等五大保险为主要内容,以各种商业保险为补充的社会保障体系,充实社会保障基金。

其次,大力提高低保、五保及残障人士的社会保障水平,增建设施完善、服务能力全面的孤寡老人供养机构。

再次,推进社会保障公共服务信息化建设,将分散在各部门的数据资源集中起来,将独立运行的业务系统整合起来。

最后,加快推进街道(乡镇)、社区(居委会)和村一级劳动就业社会保障服务平台,不断提高基层平台的标准化和规范化建设水平。

四 小结

西藏是我国重要的安全屏障、生态屏障、水系源头和文化特色区,同时也是突出的贫困地区。改革开放后,西藏自治区在保障和改善民生及社会公共服务建设方面取得了显著进展,但在目前情况下,西藏要想实现民生保障水平接近全国平均水平,西藏自治区在民生领域就要坚持以人为本的原则,完善政策、健全制度、加大投入,积极妥善解决目前存在的问题,切实把保障和改善民生作为西藏经济社会发展的出发点和落脚点，继续实施"富民兴藏"战略，把更多关怀和温暖送给广大农牧民和困难群众，着重解决他们迫切需要解决的问题，特别是农牧区条件艰苦、农牧民增收困难等问题，做到精准扶贫；继续推进以安居工程为突破口的社会主义新农村建设，加快农村水电路气房和通信等设施建设；完善和落实各项增收政策，千方百计增加各族群众特别是农牧民收入；把中央扶贫资金重点向农牧区、地方病多发区、边境地区倾斜；健全公共文化服务网络，完善公共文化机构运行保障机制，推进基本文化设施建设，提高精神文化产品供给能力，丰富各族群众精神文化生活。只有这样，到2020年西藏才可能与全国一道全面建成小康社会。

附　录　五个个案比较

说　明

作为回访调查，对历史受访者进行跨时代的访谈，我们认为能比较深入、直观地反映社会生活的历史变迁。因此，我们对1960年被调查的家庭进行了详细统计分析，最后根据家庭所属阶级、生活水平、年龄、性别等特点选取了五个曾经接受过调查的家庭成员，并在2011年的调查中对他们进行了比较详细的回访，形成了五份个案访谈材料。这些材料包括家庭基本情况、收入与支出、生产、生活、教育、医疗、社会保障、宗教信仰、文化生活、村落管理等涉及民生的主要内容，以此从微观上一窥50年来艾玛乡，乃至整个西藏农村民生的变化。

个案一　对原哈布豁卡中等农奴卓玛央金的回访

卓玛央金：原艾玛岗哈布豁卡中等农奴强巴塔杰的儿媳妇，出生于1930年，现年81岁。1960年课题组到艾玛岗调查期间，卓玛央金已经30岁，对于当时生活记忆比较清晰。2011年8月课题组调研期间，找到了她，对她的家庭进行了访谈。

（一）家庭基本情况

1. 人口变化

20世纪60年代，强巴塔杰是艾玛岗哈布豁卡的中等农奴，1960年44岁，共有家庭人口12人，有7个较强劳动力，三代同堂，如附表1-1。

附表1-1　1960年卓玛央金家庭人口情况

姓名	户主关系	性别	年龄	文化程度	职业
强巴塔杰	户主	男	44	文盲	农民
强巴旺扎	兄弟	男	42	文盲	农民
明玛卓玛	兄弟共妻	女	55	文盲	农民
强巴旺秋	儿子	男	33	文盲	农民
索南汪甲	儿子	男	27	文盲	农民
卓玛央金	儿媳（共妻）	女	30	文盲	农民
巴桑卓玛	女儿	女	20	文盲	农民
强巴旺堆	孙子	男	9		
泽仁盆多	孙子	男	6		
彭措扎西	孙子	男	4		

说明：原表如此（表中缺2人）。

西藏农区民生事业五十年

2011年我们调查期间，卓玛央金和自己的儿子生活在一起，已经四代同堂，共有11口人，8个较强劳动力，如附表1-2。

附表1-2 2011年卓玛央金家庭人口情况

姓名	户主关系	性别	年龄	文化程度	职业
卓玛央金	母亲	女	82	文盲	农民
强巴旺堆	户主	男	61	半文盲	农民
彭措扎西	兄弟	男	56	半文盲	农民
西洛群培	兄弟	男	46	小学	干部
次　珍	夫妻（共妻）	女	52	文盲	农民
次仁顿珠	儿子	男	25	小学	司机
扎西名久	儿子	男	22	小学	司机
桑　姆	儿媳（共妻）	女	23	小学	农民
拉　姆	女儿	女	28	小学	农民
	儿子	男	18	高中在读	学生
	女儿	女	15	初中在读	学生

2. 生产资料及生活资料

1960年

土地：有63块，大约60亩。

生产工具：铁锹10把，锄头12把，耙2把，尖锄1把，犁铧头10个。

牲畜：母牛1头、公牛（驮牛）1头、耕牛2头、毛驴4匹、马1匹、绵羊117只、山羊15只。

房屋：大概10柱（间），土石结构。

2011 年

土地：60 亩，其中承包（租）20 多亩。租地来自南木林县开发公司，每亩租金 15~20 元，开发公司以土豆种植和加工为主要经营项目。

生产工具：翻斗车 2 台，约 70 万元；装载机 1 台，39 万元；拖拉机 2 台，5 万元；播种机 1 台，2000 元。

牲畜：绵羊 200 只、山羊 2 只、黄牛 15 头、马 1 匹、鸡 10 多只。

房屋：22 间，约 400 平方米，石木结构，总花费约 25 万元。宅基地总面积约 2000 平方米。

经堂：总计约 10 万元，其中，佛龛 4 万元，佛像 2 万元，经书 20 世纪 80 年代购置 500 元。

生活电器：冰箱 2 台，6000 元；洗衣机 1 台，1500 元；酥油搅拌机 3 台，1200 元；手机 4 部；固定电话 1 部；太阳灶 2 个；电视机 3 台；DVD 影碟机 2 台。

3. 收入与支出

（1）1960 年收入与支出。

农业收入：

总计：折合青稞 10752 斤。其中，青稞 5880 斤，土豆 55 袋，折合青稞 2688 斤，葱折合青稞 336 斤，油枯折合青稞 532 斤，萝卜折合青稞 140 斤，刺柴地收入 224 斤。

牧业收入：折合青稞约 900 斤。

日常生活支出：

衣饰：合计藏银1650两。其中，一家12口人，平均每人一年要做一件布料衣服，价值藏银530两。其他衣物折合青稞12克，藏银1120两。

食：一年消费折合青稞约8000斤，一年耗砖茶36块。每年杀羊14只，杀牛1头。买糖藏银300两。

宗教支出：大约折合青稞200斤，藏银50两。

生产投资：大约折合青稞4200斤，藏银600两。

债务：共欠青稞10080斤，每年只还利息约200斤；欠藏银1350两，每年还利息150两。

(2) 2010年收入与支出。

家庭主要收入：

工资奖金：6万元；

外出务工收入（承包机械工程）：20万元；

农业收入：12万元，其中土豆约10万元，青稞2万元。

家庭主要支出：

日常生活：8万元；

医疗支出：6000元；

水电费：900元；

教育费：7000元；

宗教支出：1.5万元；

生产支出（种子）：1.3万元（土豆），青稞2000元；

柴油：1万元；

化肥：3000元；

农药：200元。

4. 基本分析

由附表1-1、附表1-2的统计可以反映出，两个家庭在家庭规模、职业、文化程度等方面的变迁情况。

第一，半个世纪之后，两个家庭的家庭规模基本相当，同时今天依然采用了兄弟共妻的婚姻方式，即便是作为国家干部的西洛群培也仍然没有离开兄弟另组家庭。这一方面说明传统的习俗对于艾玛岗社会生活影响依然深刻；另一方面也说明兄弟共妻这种婚姻方式在艾玛乡农村经济生活中的重要性。它不仅在财富积累上比小家庭更具优势，同时对于人口控制也起到了比较重要的作用。

第二，凡是1960年之后出生的人口，最低受教育程度是小学，其中两个2000年之后出生的成员还在接受更高等的教育。这与1960年家庭人口全部是文盲的局面形成鲜明对比。这表明，民主改革之后，西藏农村实行的教育体制打破了西藏封建农奴制度下广大农奴阶层不能接受教育的局面，且今天的中小学教育在西藏农村得到最大限度的普及和认可。

第三，职业分化比较明显。1960年整个家庭全部是农民，农业生产技术是家庭成员掌握的唯一技能。经过50年的变化，卓玛央金家除了农民之外还有国家干部和司机。这也表明西藏农村居民选择职业机会的增加，以及西藏农村产业结构的多样化。

第四，生产资料和生活资料以及收入与支出的变化情况是50年来变化最大的。特别是生产生活的现代化成为西藏

西藏农区民生事业五十年

农村50年来变化的亮点。在今天的艾玛乡,大部分生活稍富裕的家庭都具备基本的现代化家庭用品,诸如电冰箱、手机、电话、电动酥油搅拌机、电视机、DVD影碟机、洗衣机,等等。而拖拉机、播种机等大型农用机械化工具在国家购置补贴的支持下也基本得以普及。

(二) 卓玛央金访谈

1. 生活真的比以前好多了

我父亲强巴塔杰75岁去世,已经22年了。我们家属于哈布谿卡,当时谿卡内有两个地主,一个是哈布秋布,另一个是强巴。我们家种哈布秋布的地,交一点儿租金,当时种地也不雇人,都是我们自己种。

过去主要在谿卡当差,在规定的时间内干活。当差时一般的农奴出一个人,我们家出两个人,我们家地多,人口多。差非常多,劳动很辛苦。

过去哈布秋布(地主)生活算是好的,但是和现在比起来,连一个一般的人家也比不上,还要差好多倍呢。在当时,我们家吃的穿的还算好的,自己吃的也够,穿的还行,在本地也不用向别人借。以前有一点儿白菜、土豆和一点儿白萝卜。自己在院里种的,解解馋。

现在吃的穿的方面比过去好多了,想吃什么也有卖的,去买就行了。人们一般早晨吃糌粑和酥油茶,中午吃米饭和炒菜,晚上吃面。现在白菜自家种,夏季自己有菜,比较多。冬天吃菜得从县上买、日喀则买。菜价比较高,方便还

248

是方便，就是贵，村里买菜吃的人不多。

以前生活比较差的时候，只有糌粑吃，也算绿色食品比较多。所以，过去老人们多，特别是牧区的老年人多，因为老人不劳动，主要是年轻人工作，老年人工作量少，不乱吃，身体比较好一点儿。现在这个村子老年人比较少。现在什么都吃，以前喝一点儿青稞酒，现在人们喝很多酒，喝很多啤酒，身体都喝坏了。

以前，一年里去过一两次日喀则就不错了。骑马早点儿起，晚上可以到日喀则，起晚的话要在白迅乡休息一晚上才可以到。过去只去过日喀则，不像现在，哪儿都可以去。这几年去过拉萨、山南、萨迦、江孜，出行比较方便，自己想去哪儿都可以，有自己的车子，没有也可以坐别人的车子。

现在各方面的条件都比以前好多了，我每月有55元的养老金，生活真的比以前好多了。

2. 有病国家医

年龄大了，身体主要是心脏不好，肾也不好，也贫血。病得厉害时候去县里医院、地区医院。平时在私人医院看病多。（儿子西洛群培：母亲看病基本都是私人医生，主要是为了方便。经常要去看病，看藏医方便一点儿，私人藏医在乡政府那边就有。乡政府的藏医院今年刚开了6个月左右。私人医院已经开了很多年了。母亲一直看一个藏医，习惯了。）人老了，医术好也治不好。如果我身体好的话，现在什么担忧也没有。

西藏农区民生事业五十年

现在人们得病由国家给看。过去有一种流行病长痘子，其他的病比较少，现在国家采取医疗措施已经没有这种病了。以前除了出痘子有人看，其他小病也没什么人去看病，不能看就等死，死也白死。藏医不能治的话就完了。艾玛岗当时有两个藏医，泽当有三个藏医。得病了，有时候请僧人给念念经，僧人不能治病，请僧人念经，念好就好，念不好就死了。

3. 关于教育

以前上学的人非常少，孩子们主要是念经。只有个别人家有识字的，到人家家里学习要交学费，自己家里有人识字就在家里识字，识字主要是为了算账。现在家里有两个孩子在日喀则高中和初中。高中学费去年（2009年）每学期交1000元，一年共2000元，今年降了，只交1000元。初中没有学费。现在上学主要是需要花费日用品的钱。两个孩子每个月要700元。日用品和学习用具，高中差不多每个月500元。初中也就日用品、学习用具等需要200元。

现在教育教师条件都不错，两个孩子学习也不错，鼓励他们完成学业，最好汉语和藏语两种语言都学好，在社会上还是希望孩子学汉语，这也是社会的需要。

4. 宗教信仰很自由，看自己的心愿

以前从拉康每个月请一个僧人在家里念两天经。每天给僧人6斤青稞，其他没有了。以前的僧人本来也有很多工资，他们也不需要什么。他们主要有宗教作用，防震、除雹什么的。

250

现在宗教花费每年不到 2 万元。每个月请七八天，每次二三天，一般请两三个僧人。每年四五月间做一次大的诵经，请十来个人，诵经四五天，其中有一个喇嘛。一般还要给喇嘛每人 100 元，小僧人每人 50 元。每年给寺庙糌粑 100 多斤，青稞三袋约 300 斤，藏盐一袋约 100 斤，土豆两三袋约二三百斤，每年给寺庙布施现金 4000 元。我们都是请曲德寺（艾玛乡域内寺庙）僧人。

现在朝佛一般去萨迦，还去过青海塔尔寺、拉萨、山南。一般每次朝佛要二三千元左右。现在宗教信仰很自由，看自己的意愿。

个案二 对原岗中豁卡中等农奴嘉央的回访

嘉央：昔日艾玛岗岗中豁卡中等农奴堂拉的儿子，嘉央一家现在仍然生活在岗中豁卡。2011 年 8 月 17 日，我们对他进行了访谈。

（一）1960 年嘉央一家的基本情况

人口：9 人，全部是农民；

劳动力：5.5 人；

差地：大约 50 亩（56 克）；

农具：65 件；

耕牛、毛驴：11 头；

其他牲畜：117 头；

住房：10间；

年收入粮食（青稞）：500多克（约14000斤）；

放债收入：82克，年收利息10多克（约青稞280斤）；

生产和生活支出：522克（青稞14616斤）。

（二）2010年家庭情况

人口：15人，其中2名教师、1名干部、1名在读大学生、1名高中生、1名初中生。

劳动力：9人；

土地：30亩；

机械生产工具：拖拉机2台；

牲畜：马1匹、绵羊40只、鸡3只。

现代生活用品：电视机1台、冰箱1台、洗衣机1台、酥油搅拌机1台、固定电话1部、收音机2台、手机4部、DVD影碟机1台。

住房：2层石木结构，17间房屋，450平方米，建房总花费4万元。

年收入：约5万元。

生产生活支出：30455元，其中，日常生活支出14500元、医疗费用1500元、水电费1000元、教育费用6800元、宗教支出60元、化肥4425元、柴油2100元、农药70元。

（三）对嘉央的访谈

今年嘉央老人67岁，平时基本不再参加劳动，每月领取55元养老金，在家安度晚年。嘉央共有6子，一个在萨迦县政府工作，两个是教师，其余务农。6个儿子中，其中两子共妻，其余四子各娶一房媳妇。

1960年至今，嘉央家曾经修建了三次房子，之前两次建房分别是在20世纪80年代和90年代末期，最近一次是2007年的安居工程。前两次建房是二层，一是因为家里人口多，再一个传统上艾玛乡二层的房子一层是牲畜圈和放置生产用具的房屋，人居在二层。2007年安居工程在此修建房屋，此次房屋建设花费4万元，政府补贴17500元，包括安居补贴1.2万元，5000元防震补贴和地区性补贴500元。房屋总面积达450平方米，共有上下两层，一层7间，二层10间，石木结构。房屋建成之后，实行了人畜分离。同时，修建了沼气和自来水。（现在好多地方安装了自来水，水源地选择不好。现在蓄水量很少，经常没水，有一个自然村水足，我们没水的时候到邻村去提水。）

嘉央家有土地30亩，其中一半用来种土豆，一半种青稞。土豆每亩可以产6000斤左右，最好的土豆可以销售至2元一斤。土豆经济是嘉央一家主要经济收入来源。此外有一个儿子在日喀则开车运货，每年可以挣4000元左右。

谈起民主改革之前的劳动，嘉央说，当时的差太多了，日夜都是，根本干不完。主要是为岗中豁卡耕作土地，还要给豁卡所有者恩供寺承担各种差，非常累。解放后还要收农业税，现在农业税没有了，人们都是为自己干活。比如说现在挖水渠,都是为自己劳动,以前都是当差。

生活上,在豁卡内,生活条件不算太差,但是也不算好的。一年四季几乎没有肉吃,只有在土巴(面条)里面有时候加一点儿,可以吃上糌粑和土豆,没有白面和大米。现在吃的、穿的,各方面都挺好的,以前和现在没法比。

民主改革之前,嘉央家里有一个小的经堂。当时经堂只有几幅唐卡,质量都很差,其他什么也没有。平时很少请僧人,也没有钱请。宗教活动请巫师比较多,比如收割青稞的时候请巫师,大病的时候也要请巫师。一年请2~3次。遇到冰雹灾害的时候也要请防雹师。现在家里每年会请僧人诵经,一般给每位僧人二三十元钱,有时候也给青稞。但是现在有时候也请不到僧人,主要是在家里有人去世的时候不好请,现在僧人少。现在遇到冰雹灾害的时候村里集体请防雹师,凡是有耕地的人家每家给3斤左右的青稞或者二三十元钱。现在经堂比较大,里面佛龛、唐卡、佛像什么都有。现在因为有病去朝佛次数不多,一年去寺庙三四次,去过萨迦县,还没去过拉萨,经常去楠木林县的寺庙。

嘉央45岁时就开始经常去医院看病,直到现在每个月几乎都要去医院,最多一次住院8个多月。去日喀则看病主要是去人民医院。有时候也去藏医院。嘉央说,以前看病,基本不收药费,用医院的水收5分钱。后来医院才开始收钱,具体什么时候记不清了。每年看病花很多钱。现在的医疗政策特别好，看病及时，病也稳定了，已经很少去医院了，不想去了。以前小病有时候请僧人给看，现在不请僧人看病了，有病的时候要去医院，孩子们也让去医院。现在村里的人有病也都是先去医院，然后病慢慢地看好了，有时候会请僧人诵经，如果病很重了，不在医院看了，就要请僧人了。

以前村里没有学校，贵族他们有上学的，老百姓很少有上学的。现在家里的小孩子都会去学校，附近有小学，毕业之后去县里上学。

嘉央说，现在村里管理得挺好的。村长和书记每三年选举一次，基本都是群众选举出来的。18岁以上都参加选举，比较公平。现在村长工作经验等各方面，总的来说还可以。现在村里有矛盾，有打架的罚款500元。如果伤害的话要送司法机关。以前岗中豀卡有一个专门管事的人，如果差做得不好就用鞭子抽，那时候主要是打比较多，一般人们也不敢不听话。

个案三 对原夏嘎豀卡囊（朗）生次仁卓玛的访谈

次仁卓玛：78岁，母亲央金是原夏嘎豀卡大差巴齐美才旺母亲德吉曲珍的陪嫁囊生。1960年调查期间，央金50岁。次仁卓玛1933年生，随母亲成为德吉曲珍家的囊生，目前居住在艾玛乡夏嘎行政村夏嘎村。

(一) 民主改革前后次仁卓玛一家基本情况

民主改革前,次仁卓玛一家5口人,全部随母亲央金成为齐美才旺家的囊生,年龄最小的6个月。据1960年调查组记载:央金是给主人家煮饭的"囊玛"(负责内部家务活儿的囊生),除了给主人做饭之外,还兼给堆穷、佣人们做饭、送饭。每逢主人齐美才旺请客时,往往喝酒作乐至深夜,央金也要陪到最后,没日没夜地受煎熬,累得筋疲力尽,她和儿子次旺仁增干着最苦最累的活儿,吃不饱、穿不暖,据她自己说:活了20多年别说穿新衣服,连换都没有换过一件衣服。他们上无片瓦,下无寸土,干的是牛马活,吃的是猪狗食,连最起码的人身自主权都没有,只是被束缚在封建土地制度下会说话的工具。

民主改革后,通过"三反双减",土地改革,央金一家老少5口人,获得彻底解放。用他们自己的话说:第一次站了起来,成了真正的"人"。央金和她的3个孩子组成了新家,分得土地18克13升,耕牛半头(两家合用),奶牛1头,毛驴1头,绵羊5只。农具1套,另有锹、锄头、耙耙各1把,镰刀3把。分得房屋5间。解放囊生时,补1959年工资青稞每人20克,共80克。家用的炊具、家具一整套,新衣服每人1套。

(二) 现今次仁卓玛的家庭情况

民主改革后,央金一直和自己的女儿次仁卓玛在一起生活。她于1987年77岁时去世。现在次仁卓玛和自己的儿子生活在一起，3个儿子共妻，全家16口人，主要劳动力6人，土地33亩。每年种植土豆15.9亩，青稞16.4亩。

1. 2010年收入

农业收入：105300元；

牧业收入：4500元；

副业收入：1600元；

政府补贴：3500元；

总收入：114900元。

2. 2010年支出

日常生活支出：57600元；

水电支出：360元；

教育费：9340元；

医疗费：1000元；

宗教支出：150元；

化肥：2500元；

柴油：3900元；

农药：90元；

购买农具：100元；

总支出：75040元（不包括土豆种子和青稞种子，机耕土豆每亩约300斤种子）。

3. 房屋

2001年修建，总花费73000元，土石结构，共有房屋17间，总建筑面积576平方米。

西藏农区民生事业五十年

4. 家庭主要资产

汽车1(台)	摩托车1(辆)	拖拉机3(台)	播种机1(台)
马1(匹)	牦牛7(头)	绵羊28(只)	山羊8(只)
猪1(头)	鸡22(只)	沼气1(座)	太阳灶1(座)
电视机1(台)	冰箱1(台)	洗衣机1(台)	DVD/VCD1(台)
收音机1(台)	酥油搅拌机1(台)	手机5(部)	固定电话1(个)

（三）对次仁卓玛的访谈

我们家原先在夏嘎豁卡，是那儿的奴隶。德吉的女儿嫁到哈布豁卡，就把我带到了哈布豁卡当奴隶，相当于保姆。民主改革后，领主就离开了哈布豁卡，我也回到了夏嘎豁卡。以前主要在夏嘎豁卡干活儿，每天都要给领主当差。自己什么也没有，领主给什么，我们就吃穿什么。我们什么都没有，除了自己的身体。我们家连土地都没有，每天只能在领主家干活儿。

我的母亲和平解放之后一直生活得很好，在人民公社时期，她是村里的生产队长，县里还安排她出去学习过。现在我的儿子格桑在村里当村主任，在管理村子事情方面做得也比较好。以前管理村子的是豁卡代理人，经常对老百姓干不好的事情，如果活儿干不好的话他就会打。在领主家干活，累得睡着了，领主就会用脚踢，用鞭子抽。我们除了哭，也没什么办法。现在村里的领导和过去大不一样了。现在他们还帮助村里没劳力的人家干活儿，什么事情都是自己先去干，事情办得也公平。

解放后生活有点好了，但是人民公社的时候生活有点困难，人民公社之后就好多了。近几年的生活在党的关怀下变化最大了。住房、子女生活都挺好的，希望生活就这样继续好下去。我眼睛4年前（2007年）看不见了，后来到日喀则去做手术，现在好了，没花钱，都是国家给出钱。我母亲以前也是这种病后来没看好，她77岁去世也没看好眼睛。我对现在的医疗特别满意，在旧社会的话，如果眼睛瞎了是没人管的（2007年艾玛乡根据南木林县卫生局的要求开始统计全乡白内障患者，并于2008年给患者进行了免费治疗），只能待着，现在政策好了，国家都管了。现在我什么也不担心，儿子对我特别好。我还有个儿子在拉萨工作，也经常带衣服回来，儿媳妇对我也好。我平时主要是在家里诵经。

个案四　对原扎康谿卡贫苦农奴堆吉旺堆的儿子次仁诺布的回访

次仁诺布：原扎康谿卡贫苦农奴堆吉旺堆的三儿子，1960年时16岁。父亲堆吉旺堆于1978年去世，时年63岁。

（一）1960年家庭基本情况

1. 人口：9口人，5个劳动力

旺堆，户主，男，45岁；

德吉，妻，46岁；

旺秋才仁，长子，22岁；

才丹吊珠，次子，19岁；

次仁诺布，三子，16岁；

格桑，四子，12岁；

索南玉珍，长女，8岁；

盘道，次女，6岁；

次仁卓玛，三女，4岁。

2. 生产资料占有情况

土地：上等土地7克、中等土地6克、下等土地4克、轮休地3克10升，共计20克10升。

牲畜：奶牛2头、毛驴1头、绵羊24只、鸡8只、小牛2头。

农具：锄头1把、锹4把、镰刀4把、筛子3个、背筐1个、四齿叉2把、二齿叉1把、毛梳子1副、织布机1台。

房屋：大小破旧房屋9间。

3. 主要收入

农业收入：138克青稞；

副业收入：3克10升青稞；

帮工收入：本人打短工得工资8克青稞。

4. 主要支出

地租负担：种大差巴彭措旺杰6克地，交实物地租青稞1克4升。

差役负担：本户每年向大差巴格桑旦真交差428天。

债务负担：子孙债 3 项合计青稞 55 克，本人借债合计青稞 91 克，共负债 121 克，每年支付债务利息 37 克 10 升。额外剥削鸡蛋 60 个，葱 2 把。

宗教支出：44 克 1 升青稞；

农业生产投资：35 克 8 升青稞；

生活消费：301 克 8 升青稞。

（二）2010 年家庭基本情况

1. 人口：7 口人，4 个劳动力

次仁诺布，户主，67 岁；

白马德丹，妻子，56 岁；

丹增加布，儿子，29 岁；

巴桑，儿子，26 岁；

西洛，儿媳，28 岁；

丹增次仁，孙子，8 岁；

普琼，孙女，6 岁。

2. 占有生产资料

土地：12.8 亩，其中，承包地 4.8 亩、开垦土地 8 亩。

牲畜：犏牛 7 头、绵羊 70 只、鸡 8 只。

现代生产生活用具：拖拉机 2 台、摩托车 1 辆、太阳灶 1 个、电视机 1 台、DVD 影碟机 1 台、收音机 1 台、酥油搅拌机 1 台、固定电话 1 部。

房屋：2009 年修建安居工程房屋，石木结构，总建房费用 5 万元，政府补贴 12000 元，300 多平方米，8 间房屋。

3. 主要收入

2010年收入5万多元，其中，土豆200多袋，20000多斤，年收入30000多元；青稞30袋，每袋100斤，约3000斤，大约4000元；牧业收入1万元左右，外出务工5000元。

4. 主要支出

日常生活开支25000元，各项生产投资总费用6000元左右，医疗费用1000元。

（三）次仁诺布访谈

以前整个豁卡内除了贵族大部分家庭都很艰苦。我们家父母非常辛苦，养不起孩子，做乌拉差。我自己也当过囊（朗）生，做乌拉差，家里贫困，小孩到豁卡当农奴。一年里人们最多有一件新衣，每人一件。去当差或者下地干活儿时，父母从邻里借些糌粑解决小孩吃的问题，父母从口中节省点儿粮食供孩子吃。

当时自己有房子住，4间8柱，比较旧的房子，住过三代人。那时候的房子又矮又黑，不像现在的房子宽敞。这次安居工程建房仅给屋子画画就花费了2800元。以前的房子没有画的，只是在经堂的柱子上有一点点颜色。以前经堂都住人，现在没人住了，现在像是喇嘛的宾馆。我们家以前小孩子全部住在一间屋子，大人们也都住在一间屋子里。现在都分开了，儿子们一家在一个屋子里。

过去屋檐下面晚上也要睡人，现在没人住外面了。

以前每年想请喇嘛，但是请不来，穷人家，请不来喇嘛，即便来了吃的也供不起。每年只好请一次巫师，到家里做法事。现在每年请4次僧人，每次至少二三个喇嘛，最多请6人，每次2天。如果请一个人的话就诵经3天。以前每人每天付20元现金，现在每人每天50元，如果给的钱少，就要给点儿青稞。

我2011年藏历年期间得了中风。去乡医院治疗，病情稳定之后一直在吃藏药，自己觉得没必要去县医院或者日喀则医院看病。到艾玛乡看藏医，是私人医生，不能享受医保。虽然现在到县医院看病可以报销，但是一般的非低保家庭需要自行垫付医药费，我们家没有那么多现金，所以没有住院治疗。

我的生活过得有点困难，一是我自己生病，不能劳动；另一个主要原因是地少人多，也没有其他收入，到外地打工没有多少收入。要脱离贫困，只有在土地上有宽松政策，现在艾玛乡的土豆收入比较高，地多了之后可以致富。

总的来说，以前的生活和现在没法比，现在生活挺幸福的，没什么可担心，这次得病如果不去世，还能享受几年新的生活。

个案五 对原岗中豁卡贫苦农奴格桑的儿子顿珠次仁的回访

顿珠次仁，2011年55岁，原岗中豁卡贫苦农奴格桑的儿子，现居夏嘎村岗中自然村。

（一）1960年家庭基本情况

据1960年调查记载，格桑43岁，家庭人口5人，妻子和3个孩子。耕种差地6.7克，还有转租妻弟的差地。人均土地1.6克，住房2间（为妻弟所有），有农具8件，无耕牛，有毛驴2头、奶牛2头。年收入粮食27克，不足生活费用，就打短工，做藏垫，勉强糊口。每年支差4天。此外还要为妻弟做3个月的短工，算作2间住房1年的房租。生活入不敷出，就四处借债，几年中分别向寺庙和个人共7处借债42克粮，藏银20两。

（二）2011年家庭基本情况

2011年8月，格桑的儿子顿珠次仁全家共有8口人，耕种24亩土地。其中12亩种土豆，全部土豆产量5万多斤。

1. 全年主要经济收入

农业收入：5万元；

牧业收入：4500 元；

副业收入：2900 元；

政府补贴：8700 元；

外出经商及务工：10000 元。

2. 全年主要支出

日常生活支出：45000 元；

水电费：800 元；

孩子教育费：8400 元；

丧葬费用：3000 元；

宗教支出：400 元；

医疗费用：500 元；

种子：5700 元；

柴油：3000 元；

机耕费：500 元；

化肥：2000 元；

农药：170 元。

3. 主要资产

房屋：2010 年修建，总花费 55000 元，复式结构，14 间房屋，430 平方米，修建房屋贷款 30000 元。国家补贴 12000 元，5000 元防震款。

主要生产生活用品：拖拉机 2 台、太阳灶 1 个、马 1 匹、绵羊 21 只、山羊 11 只、鸡 13 只、电视机 1 台、DVD 影碟机 1 台、沼气 1 个、收音机 1 台、酥油搅拌机 1 台、手机 2 部、固定电话 1 部。

西藏农区民生事业五十年

（三）对顿珠次仁的访谈

对于目前与农村社会发展相关问题的调查中，顿珠次仁最满意的是政府目前不向他们收取任何赋税，医疗卫生条件和本地交通条件都比较好；比较满意的有外出务工收入、农业物资的供应情况、学校教育的教学条件和教学质量、村里的干群关系、住房和日常饮食。对目前从事农业劳动的收入还不太满意，认为需要增加收入。

顿珠次仁说，现在政策都很好。路、电、沼气、房子什么都好。最主要的困难是油费太贵了，因为现在都是机械化耕地，买卖产品都要开车，油费太贵，每年要3000元左右。

对于文化娱乐，顿珠次仁说，现在除了民族节日之外，主要是在家看电视，电视每家每户都有了，有24个频道，节目什么都有，想看什么就看什么。另外，他认为现在最方便的就是电话，他说，现在每家都有座机，手机一家有好几部。

主要参考文献

1. 西藏社会历史调查资料丛刊编辑组编《藏族社会历史调查》(1～6)，民族出版社，2009。

2. 多杰才旦、江村罗布主编《西藏经济简史》，中国藏学出版社，1995。

3. 中国藏学研究中心社会经济研究所编《西藏家庭四十年变迁》，中国藏学出版社，1996。

4. 多杰才旦主编《西藏封建农奴制社会形态》，中国藏学出版社，1996。

5. 马戎：《西藏的人口与社会》，同心出版社，1996。

6. 马戎主编《西藏社会发展研究》，民族出版社，2011。

7. 王洛林、朱玲主编《如何突破贫困陷阱——滇青甘农牧藏区案例研究》，经济管理出版社，2010。

8. 王洛林、朱玲主编《市场化与基层公共服务——西藏案例研究》，民族出版社，2005。

9. 中国藏学研究中心社会经济研究所主编《西方西藏及其它藏区经济社会研究论文选辑》（上、下），中国藏学出版社，2009。

10. 《国外西藏和藏区经济社会研究参考文选》，中国藏学出版社，2004。

11. 叶婷：《开垦西藏方略》，周卫红译，中国藏学出版社，2008。

12. 徐明阳主编《西藏自治区县域经济发展研究》，西藏人民出版社，2004。

13. 《西藏文史资料选集》"纪念西藏和平解放四十周年专辑"，1990。

14. 《辉煌的二十世纪中国大纪录——西藏卷》，红旗出版社，1999。

15. 徐平、郑堆：《西藏农民的生活——帕拉村半个世纪的变迁》，中国藏学出版社，2000。

16. 甲玛沟的变迁课题组：《甲玛沟的变迁——西藏中部地区农村生活的社会学调查》，中国藏学出版社，2009。

17. 〔美〕巴伯若·尼姆里·阿吉兹：《藏边人家》，翟胜德译，西藏人民出版社，2001。

18. 邢肃芝（洛桑珍珠）口述，张健飞、杨念群记录《雪域求法记——一个汉人喇嘛的口述史》，三联书店，2003。

19. 赤烈曲扎：《西藏风土志》，西藏人民出版社，

2006。

20. 周炜、孙勇主编《中国西藏农村安居工程报告书》，中国藏学出版社，2008。

21. 胡晓江：《西藏拉萨的小商店》（内部资料），周卫红译，中国藏学研究中心，2007。

22. 周德仓：《西藏新闻传播史》，中央民族大学出版社，2005。

23. 潘泽泉：《社会、主体性与秩序——农民工研究的空间转向》，社会科学文献出版社，2007。

24. 辜胜阻、简新华主编《当代中国人口流动与城镇化》，武汉大学出版社，1994。

25. 赵嘉文、马戎主编《民族发展与社会变迁》（第28卷），民族出版社，2001。

26. 〔美〕柯克·约翰逊：《电视与乡村社会变迁：对印度两村庄的民族志调查》，展明辉、张金玺译，中国人民大学出版社，2005。

27. 〔英〕罗杰·西尔弗斯通：《电视与日常生活》，陶庆梅译，江苏人民出版社，2004。

28. 陈默：《空间与西藏农村社会变迁》，中国藏学出版社，2013。

29. 费孝通：《江村农民生活及其变迁》，敦煌文艺出版社，2000。

30. 于显洋主编《社区概论》，中国人民大学出版社，2006。

31. 史蒂文·瓦戈：《社会变迁》，北京大学出版社，2007。

32. 安东尼－吉登斯：《社会学》，赵旭东译，北京大学出版社，2007。

33. 风笑天：《社会学研究方法》，中国人民大学出版社，2005。

34. 西藏自治区日喀则地区农牧局：《西藏日喀则地区土地资源》，中国农业科技出版社，1993。

35. 《日喀则地区志》（上、下），中国藏学出版社，2011。

36. 西藏自治区统计局编《西藏统计年鉴》（2005）、(2006)、(2007)、(2008)、(2009)、(2010)、(2011)，中国统计出版社。

37. 《南木林县志》及相关资料。

38. 艾玛乡2005～2010年生产统计表。

后　记

本课题的顺利完成要特别感谢中国藏学研究中心副总干事郑堆博士，社会经济研究所所长旦增伦珠博士，他们对课题的申报、调研内容的选择和调研工作的顺利开展都给予了指导和帮助。南木林县政府办公室扎西平措主任、穷达副主任以及次旺同志为本课题的调研提供了必要的后勤帮助。我的好朋友原艾玛乡副乡长桑布同志，他长期在艾玛乡工作，十分了解当地的生产生活、民情民意，是我调研期间的得力助手，并且在很多时候承担了翻译的工作。社会科学文献出版社的编辑同志为本书的出版付出了辛勤的劳动，提出了不少建设性意见和建议。中国社科院科研局的同志在我完成整个课题的过程中给予了大力支持和帮助。谨在此致以深深的谢意。

图书在版编目（CIP）数据

西藏农区民生事业五十年：以日喀则艾玛乡为例/陈默著．
—北京：社会科学文献出版社，2016.5
　西藏历史与现状综合研究项目
　ISBN 978 - 7 - 5097 - 8094 - 7

　Ⅰ.①西… Ⅱ.①陈… Ⅲ.①乡镇 - 人民生活 - 生活状况 - 研究 - 日喀则地区 Ⅳ.①F126

　中国版本图书馆 CIP 数据核字（2015）第 225645 号

·西藏历史与现状综合研究项目·
西藏农区民生事业五十年
——以日喀则艾玛乡为例

著　　者／陈　默
出 版 人／谢寿光
项目统筹／宋月华　袁清湘
责任编辑／周志宽
出　　版／社会科学文献出版社·人文分社（010）59367215 　　　　　地址：北京市北三环中路甲29号院华龙大厦　邮编：100029 　　　　　网址：www.ssap.com.cn
发　　行／市场营销中心（010）59367081　59367018
印　　装／三河市尚艺印装有限公司
规　　格／开　本：787mm×1092mm　1/16 　　　　　印　张：18　字　数：186千字
版　　次／2016年5月第1版　2016年5月第1次印刷
书　　号／ISBN 978 - 7 - 5097 - 8094 - 7
定　　价／89.00元

本书如有印装质量问题，请与读者服务中心（010 - 59367028）联系

▲ 版权所有 翻印必究